A ADMISSIBILIDADE
DE UMA CLÁUSULA GERAL
ANTI-ABUSO EM SEDE DE IVA

ALEXANDRA COELHO MARTINS

A ADMISSIBILIDADE DE UMA CLÁUSULA GERAL ANTI-ABUSO EM SEDE DE IVA

ALMEDINA

A ADMISSIBILIDADE
DE UMA CLÁUSULA GERAL
ANTI-ABUSO EM SEDE DE IVA

AUTOR
ALEXANDRA COELHO MARTINS

EDITOR
EDIÇÕES ALMEDINA, SA
Rua da Estrela, n.º 6
3000-161 Coimbra
Tel.: 239 851 904
Fax: 239 851 901
www.almedina.net
editora@almedina.net

PRÉ-IMPRESSÃO • IMPRESSÃO • ACABAMENTO
G.C. – GRÁFICA DE COIMBRA, LDA.
Palheira – Assafarge
3001-453 Coimbra
producao@graficadecoimbra.pt

Janeiro, 2007

DEPÓSITO LEGAL
252438/07

Os dados e as opiniões inseridos na presente publicação
são da exclusiva responsabilidade do(s) seu(s) autor(es).

Toda a reprodução desta obra, por fotocópia ou outro qualquer processo,
sem prévia autorização escrita do Editor,
é ilícita e passível de procedimento judicial contra o infractor.

Ao Xavier Alexandre

Nota Prévia

Tenho a honra de colaborar com o Instituto de Direito Económico Financeiro e Fiscal da Faculdade de Direito de Lisboa, na Pós-Graduação Avançada em Direito Fiscal, na qual lecciono o módulo de Planeamento em sede de IVA. Agradeço ao Instituto e, em particular ao Dr. Sérgio Vasques, o amável convite que me dirigiram para publicar este texto, que versa a temática dos limites ao planeamento e das suas especificidades em matéria de IVA e que corresponde ao relatório apresentado na disciplina de Direito Fiscal, no âmbito do Curso de Mestrado em Ciências Jurídico-Empresariais da Faculdade de Direito de Lisboa. Não posso deixar, aqui, de agradecer ao Professor Saldanha Sanches, motivador deste meu retorno à academia, orientador e incentivador da investigação que levei a efeito.

Por fim, ao meu marido e aos meus pais agradeço o apoio de sempre.

Lisboa, Novembro de 2006

Nota Introdutória

A elisão fiscal ocorre de forma transversal no sistema tributário. Consubstancia comportamentos de contorno da norma fiscal, com a única finalidade de obtenção de um benefício tributário, de redução, eliminação ou recuperação de impostos, traindo a finalidade e *ratio* das normas fiscais e pondo em causa o princípio da igualdade tributária.

O IVA não constitui excepção ao fenómeno elisivo que, porém, tem sido tratado de forma genérica pela doutrina, sem atender às especificidades do imposto, que são inúmeras. Acresce que a origem comunitária do IVA tem inevitáveis consequências e traduz limitações diversas à competência do legislador nacional, condicionado *ab initio* pelo regime comunitário que instituiu o sistema comum do IVA, consagrado na Sexta Directiva do Conselho (77/388/CEE, de 17 de Maio).

Neste contexto, tomando como ponto de partida o escrutínio dos meios de reacção, genéricos e especiais, que a ordem jurídica contempla perante o fenómeno de erosão das bases tributáveis alcançada por meios "ardilosos", aprofundou-se a análise daqueles que, em matéria de IVA, se afiguram relevantes, sem esquecer a inultrapassável cláusula geral anti-abuso do número 2 do artigo 38.º da Lei Geral Tributária.

Aprofundaram-se, de igual modo, os mecanismos autónomos, quer especiais, quer genéricos, que o Direito Comunitário e, no caso concreto do IVA, a Sexta Directiva contém com propósitos anti-elisivos.

Coincidiu com o decurso do nosso trabalho a prolação do Acórdão *Halifax*[1] pelo Tribunal de Justiça, que veio confirmar a

---
[1] Processo C-255/02.

aplicabilidade de um princípio geral de Direito Comunitário anti-abusivo que impede a invocação e aplicação das normas do IVA referentes ao direito à dedução, no âmbito de operações artificiosas constitutivas de uma prática abusiva.

A necessidade de articulação das normas e princípios internos com a ordem jurídica comunitária, conjugada com o carácter imperativo de uma parte significativa das normas constantes da Sexta Directiva, conduziram-nos, por fim, à indagação da validade de normas nacionais anti-abusivas que pudessem constituir desvios às regras ou princípios de direito comunitário. Acabámos por concluir pela maior amplitude do princípio geral anti-abusivo de Direito Comunitário face à cláusula geral prevista no citado artigo 38.º, n.º 2 do LGT.

I. DELIMITAÇÃO

1. **Introdução e precisão terminológica**

Sob as mais diversas perspectivas e ao longo das últimas décadas, a doutrina jus-tributária tem vindo a ser confrontada com o fenómeno da evasão fiscal e seu enquadramento dogmático.

Com efeito, mercê do exponencial incremento da procura de soluções, cada vez mais complexas e inovadoras, por parte dos cidadãos, visando minimizar e até mesmo eliminar encargos tributários, ou maximizar vantagens ou benefícios fiscais *lato sensu*, agudizou-se, com premência, a necessidade de aprofundamento do seu estudo[2]. O referido desiderato de optimização fiscal, agora levado ao limite, põe em causa a manutenção do *Estado (pós) social*[3], confrontado com a inviabilidade de obtenção das receitas financeiras indispensáveis à satisfação das necessidades colectivas.

Assim, a actual dimensão quantitativa e qualitativa das manifestações elisivas justifica a insistência na sua análise. Saliente-se,

---

[2] Na verdade, intensificou-se a partir da década de sessenta do século XX. Vejam-se, a este propósito, os congressos da Associação Fiscal Internacional (International Fiscal Association – IFA) de 1965 (Londres) e de 1983 (Veneza). *Cfr. Studies in International Fiscal Law*, vol. 50a (1965) e *Cahiers de droit fiscal international*, vol. LXVIIIa (1983), o primeiro sobre a interpretação da lei fiscal (*Form and Substance*) e o segundo directamente sobre a evasão fiscal / elisão fiscal.

no que toca ao específico vector qualitativo, que os contribuintes evidenciam um crescente grau de sofisticação na montagem de determinadas transacções com propósitos, exclusivos ou preponderantes, de ganho fiscal. As próprias realidades potencialmente submetidas a tributação revestem, *per se*, carácter intrincado, em resultado da evolução tecnológica ou dos mercados, perdendo-se o imediatismo na apreensão do objecto da norma de incidência tributária.

Atente-se, para este efeito, no carácter hermético dos inúmeros instrumentos financeiros criados nas últimas décadas, de que destacamos os derivados, os produtos estruturados e os denominados híbridos[4].

---

[3] Segundo PAULO OTERO um Estado em que o bem-estar constitui a vertente teleológica do Estado de Direito democrático, *"assente numa concepção de justiça social e de igualdade material, enquanto manifestações do respeito e garantia pela dignidade da pessoa humana"*. Note-se que o autor sustenta uma regra de subsidiariedade ou supletividade na acção do Estado, com a qual concordamos plenamente, perante a constatação de que o modelo do Estado-providência, de cariz mais intervencionista, se tem vindo a revelar ineficaz e financeiramente insustentável, sendo substituído por uma nova concepção de Estado programador de processos e infraestrutural. *Cfr.*, do autor, *O Poder de Substituição em Direito Administrativo, Enquadramento Dogmático-Constitucional*, Vol. II, Lex, Lisboa, 1995, pp. 586 e segs.. Também JOSÉ CASALTA NABAIS se refere ao princípio do Estado social como limite material de tributação, incumbindo ao Estado a tarefa ou função de conformação económica, social e cultural da sociedade. Os custos associados a esta concepção do Estado acabam por ser suportados pelos impostos e demais tributos, dando lugar ao denominado Estado Fiscal. *Cfr. O Dever Fundamental de Pagar Impostos*, Almedina, Coimbra, 1998, pp. 191 e segs. e 573 e segs.. Refere, ainda, J. J. GOMES CANOTILHO o relevante princípio do não retrocesso social – *Direito Constitucional e Teoria da Constituição*, 5.ª edição, Almedina, 2002, pp. 336 e 337.

[4] Estes últimos muitas vezes já concebidos ou 'desenhados' com intuitos de optimização fiscal.

Impõe-se, neste contexto, enfrentar o desafio da erosão das bases tributáveis.

Começando, desde logo, por identificar e apontar os elementos caracterizadores de um substrato comportamental que, atento o seu desvalor, seja merecedor de uma reacção da ordem jurídica. De seguida, operando a distinção das condutas que, apesar de conduzirem a situações de não tributação, de tributação reduzida ou à obtenção de benefícios fiscais, não se revelem passíveis de tal reacção. Quer porque se situam no universo extra-jurídico[5], quer por se reportarem a esferas de acção livres do direito tributário[6], ou nos limites da liberdade de opção consentida[7]. E, por fim, através desta destrinça, assegurar a adequada repartição dos encargos tributários entre os cidadãos, com observância do critério nuclear da capacidade contributiva e ponderação dos demais princípios e valores que impregnam o ordenamento.

A propósito dos conceitos de evasão e fraude fiscal, conforme refere LUÍS MENEZES LEITÃO[8], *não só não se encontra entre os diversos autores uma uniformidade terminológica e conceptual,* como também *é discutível a discriminação das várias realidades fácticas susceptíveis de se subsumir nestes conceitos.*

---

[5] Será o caso, por exemplo, do *risparmio d'imposta* da doutrina italiana, em que o contribuinte se abstém de levar a efeito uma actuação económica que preencha os pressupostos da norma de incidência, *i. é,* "renunciou a utilizar materializar ou desenvolver uma operação económica sujeita a imposto".

[6] Zonas em que apesar de se verificarem índices de capacidade contributiva, por razões extra-fiscais, não ocorre tributação por opção explícita ou implícita do legislador.

[7] Referimo-nos, em concreto, às situações em que são adoptados negócios fiscalmente menos onerosos por parte dos contribuintes, por vezes até com carácter inusual, encontrando, todavia, tal escolha fundamento em razões de negócio ou outras não estritamente ou predominantemente fiscais.

[8] "A Evasão e a Fraude Fiscais face à Teoria da Interpretação da Lei Fiscal", *in Fisco* n.º 32, 1991, p. 12.

Retoma este autor a classificação levada a efeito por ANTÓNIO ROBERTO SAMPAIO DÓRIA[9] [10], aperfeiçoando-a. Apoiamo-nos nela para estabelecer o ponto de partida da delimitação do âmbito do presente estudo. De acordo com a respectiva categorização, distinguem-se três pólos na temática da evasão fiscal em sentido amplíssimo: o da irrelevância jurídico-tributária, o da evasão fiscal *stricto sensu* e, algures num ponto intermédio, o da elisão fiscal.

Assim, em traços gerais, nesta perspectiva tripartida, temos a considerar, em primeiro lugar, as actuações ou omissões juridicamente irrelevantes, que não suscitam qualquer juízo de desvalor normativo ou da ordem jurídica globalmente considerada.

No extremo oposto, surgem as situações de evasão fiscal *contra legem*[11], em que a ilicitude das condutas – comissivas ou omissivas – é ostensiva, operando por directa contradição da lei[12].

No meio termo situam-se os casos, que denominaremos de elisão fiscal, em que não sendo aparentemente violados preceitos

---

[9] "A Evasão Fiscal Legítima: Conceito e Problemas", in *Ciência e Técnica Fiscal* n.º 143, Centro de Estudos Fiscais, Lisboa, Novembro de 1970, pp. 41-97.

[10] Também com base nesta classificação, procedendo à respectiva análise crítica, *vide* JOÃO TABORDA DA GAMA, "Acto Elisivo, Acto Lesivo – Notas sobre a Admissibilidade do Combate à Elisão Fiscal no Ordenamento Jurídico Português", in *Revista da Faculdade de Direito da Universidade de Lisboa*, Vol. XL, n.ºs 1 e 2, Coimbra Editora, 1999, pp. 289-316

[11] Também se utiliza com frequência a expressão 'fraude fiscal', porém com o risco de se confundir com o tipo de crime fiscal correspondente, previsto no artigo 103.º do Regime Geral das Infracções Tributárias. Nas directivas e regulamentos comunitários respeitantes ao Imposto sobre o Valor Acrescentado (IVA) mencionam-se, com frequência, indistintamente, as duas expressões: fraude fiscal e evasão fiscal.

[12] LUÍS MENEZES LEITÃO, "A Evasão e a Fraude Fiscais face à Teoria da Interpretação da Lei Fiscal", in *Fisco* n.º 32, 1991, p. 34.

legais concretos é, não obstante, contornada a aplicação da norma tributária[13], de uma forma imprevisível, em sentido diverso daquele que se extrai da norma e/ou do ordenamento jurídico-tributário[14].

2. Objecto e âmbito do trabalho

2.1. *Elisão fiscal vs. evasão fiscal*

Constitui a elisão fiscal o objecto da nossa investigação.

Colhendo os ensinamentos de Luís Menezes Leitão evasão fiscal *stricto sensu* e elisão fiscal têm em comum: (i) a intenção; (ii) a acção; (iii) a finalidade e (iv) o resultado, consubstanciando manifestações reais de capacidade contributiva relativamente às quais não é suportado o correspondente ónus fiscal no âmbito da relação jurídica de direito público que se estabelece entre o contribuinte *de iure* e o Estado-credor. São de assinalar, não obstante, dois traços distintivos fundamentais: a diferente natureza dos meios utilizados e o momento de utilização destes meios[15].

---

[13] Ou suscitada a aplicação de uma norma, quando se trata de benefícios fiscais, isenções ou deduções.

[14] *Cfr.* as diversas definições de elisão citadas por João Taborda da Gama (*"Acto elisivo ..."* cit., pp. 293 e 294).

[15] Na esteira de António Roberto Sampaio Dória, (*"A Evasão Fiscal ..."* cit., pp. 53-58). Contra pronunciou-se Alberto Xavier, invocando que a dicotomia não consegue surpreender todas as modalidades possíveis de negócio fiscalmente menos oneroso. *Cfr.* "O Negócio Indirecto em Direito Fiscal", *in Ciência e Técnica Fiscal* n.º 147, Centro de Estudos Fiscais, Lisboa, Março de 1971, pp. 7-9 (separata). São, no entanto, a este respeito, pertinentes os comentários de Luís Menezes Leitão para os quais, por esforço de síntese, se remete (*"A evasão ..."* cit., pp. 21-22).

Corresponde à abordagem anglo-saxónica que contrapõe *tax avoidance* e *tax evasion*.

Na primeira o contribuinte consegue impedir a realização do pressuposto de facto da norma tributária (ou criar de forma artificial os pressupostos de aplicação de um benefício fiscal, isenção, dedução ou outra vantagem fiscal), utilizando meios que, considerados em si mesmos, se afiguram lícitos, embora de carácter extravagante, anormal ou inusual, relativamente ao resultado económico a alcançar. Trata-se de tornar aplicável uma disciplina tributária mais favorável, embora produzindo resultados económicos equivalentes ao da disciplina menos favorável, que, não fora a *circumventio*, seria pertinente aplicar.

Na segunda, chega a verificar-se o facto gerador e constitui-se o vínculo tributário, mas o evasor procura fugir ao cumprimento da prestação, naturalmente utilizando meios ou processos ilícitos. Ou, através de meios ilícitos alcança indevidamente um benefício ou vantagem fiscal[16]. São os comportamentos que merecem maior reprovação ético-jurídica podendo nos casos mais extremos configurar tipos de crimes previstos e punidos pela legislação penal[17].

Em contraponto, a elisão aparece caracterizada por recorrer a meios ou processos lícitos. Não obstante, a licitude da elisão é,

---

[16] Segundo ALBERTO XAVIER ("*O Negócio Indirecto ...*" cit., pp. 10 e segs.) na "*tax avoidance*" ou elisão fiscal o particular procura não entrar na relação jurídica tributária; na "*tax evasion*" ou evasão fiscal, procura dela sair. Porém entendemos que não será bem assim quando estas figuras não estejam conexas com a prestação tributária principal, mas, ao invés, com a obtenção de benefícios fiscais, isenções e deduções.

[17] "*Podem consistir na apresentação de declarações falseadas, de deduções inexistentes, da não prestação de informações quando estas forem solicitadas para esclarecimento de uma qualquer situação tributária, na simulação de um negócio jurídico, na rasura de documentos comprovativos de factos tributários, entre outras*", JOÃO TABORDA DA GAMA ("*Acto elisivo ...*" cit., p. 293).

em rigor, meramente aparente. O resultado por esta alcançado é, de igual modo, anti-jurídico e anti-sistemático, redunda numa *fraudem legis*. Assim, o fenómeno elisivo revela-se contrário aos fins da(s) norma(s) fraudada(s) e da própria ordem jurídica[18], embora seja uma evasão comissiva perpetrada por meios lícitos, quando isoladamente considerados. Apresenta, por isso, menor grau de desvalor quando comparada com a evasão, o que justifica uma reacção atenuada por parte da ordem jurídica.

Esta reacção, sem pôr em causa a validade dos actos jurídicos, passa necessariamente por desconsiderar os efeitos fiscais deles tipicamente decorrentes.

2.2. *Elisão fiscal vs. autonomia privada*

Autonomia privada, propriedade privada e liberdade de empresa são princípios rectores fundamentais, positivados no patamar constitucional. Assim, o cidadão goza de um espaço de livre escolha dos seus meios de actuação privada e económica, nomeadamente negociais, no âmbito do qual poderá adoptar as formas de organização mais racionais para prossecução dos seus interesses particulares[19] e determinar livremente a sua vida.

O parâmetro das decisões económicas racionais obedece aos princípios utilitaristas de custo *versus* benefício e de maximização dos lucros e minimização dos custos.

---

[18] Neste sentido, JOÃO TABORDA DA GAMA (*"Acto elisivo ..."* cit., pp. 294, 313 e 314).

[19] É a denominada 'economia de opção', na terminologia de J. LARRAZ LÓPEZ, "Metodología Aplicativa del Derecho Tributário", *in Revista de Derecho Privado*, 1952, pp. 60 e segs., correspondente ao seu discurso de ingresso na *Real Academia de Jurisprudencia y Legislación*.

Neste pressuposto, a regra é a da legitimidade das opções tomadas dentro da referida esfera de liberdade com vista a optimizar os custos fiscais.

Só na medida em que a escolha do menor custo fiscal colida com o dever solidário de contribuir para os gastos públicos, subordinados à satisfação do interesse geral, através da adopção, com preponderante finalidade de economia fiscal, de procedimentos ardilosos, formas negociais anormais e montagem de estruturas ou operações atípicas, obtendo-se um resultado económico equivalente àquele que é projectado pelo regime fiscal mais gravoso, é que se pode concluir que o comportamento fiscalmente menos oneroso é susceptível de violar a ordem jurídica. E, assim sendo, esta não poderá ficar indiferente. Conforme salienta J. L. SALDANHA SANCHES *"não se está nem pode estar a pôr em causa a liberdade de escolha do contribuinte na conformação dos seus negócios ou seja, no exercício da sua autonomia privada. O que está em causa é a possibilidade da vontade do contribuinte ser relevante em relação ao nível da sua oneração fiscal."*[20].

No entanto, mesmo nestas circunstâncias, é preciso traçar uma linha divisória entre os efeitos privados, designadamente civis e comerciais, dos comportamentos elisivos e os efeitos fiscais. A eventual ineficácia que afecte os actos jurídicos deve ser meramente fiscal. Até porque os comportamentos em fraude à lei podem ter outros fins não fiscais que sejam legítimos e, por conseguinte, não devem, nesse âmbito, ser feridos por qualquer estatuição invalidante e sancionadora.

---

[20] "Abuso de Direito em Matéria Fiscal: Natureza, Alcance e Limites", in *Ciência e Técnica Fiscal* n.º 398, Centro de Estudos Fiscais, Lisboa, Abr--Jun 2000.

3. O IVA como Direito Comunitário fiscal

A elisão fiscal não configura um fenómeno selectivo. Ao invés, perpassa de forma transversal o sistema tributário. Contudo, o objecto deste estudo não versará a elisão na sua globalidade, circunscrevendo-se o universo da respectiva análise ao Imposto sobre o Valor Acrescentado (IVA).

O IVA emerge do Direito Comunitário fiscal[21] e configura um instrumento essencial na criação do mercado interno europeu caracterizado pela eliminação, entre os Estados membros, de obstáculos à livre circulação de mercadorias, de pessoas, de serviços e de capitais.

A tributação indirecta, na qual o IVA se insere[22], é um reconhecido domínio de intervenção supraestadual, assim consagrado pelo Tratado que Institui a Comunidade Europeia (TCE)[23], porquanto afecta directamente liberdades comunitárias fundamentais, *maxime*, ainda que de forma não exclusiva, a circulação de mercadorias e de serviços. Estamos, deste modo, perante um sistema comum harmonizado de tributação sobre o consumo, cuja vigência se estende aos 25 Estados membros da União Europeia[24] [25].

---

[21] Veja-se, neste âmbito, JOSÉ CASALTA NABAIS, *Direito Fiscal*, 2.ª edição, Almedina, Coimbra, 2003, pp.102 e segs. e pp. 181 e segs..

[22] Como imposto geral sobre o volume de negócios e sobre o consumo.

[23] Conforme se retira da leitura conjugada dos artigos 3.º, 14.º, 90.º, 92.º e 93.º do referido Tratado (TCE), na versão resultante do Tratado de Nice, que prevê, especificamente, a harmonização da tributação indirecta na medida do necessário para o estabelecimento e funcionamento do mercado interno, atribuindo os correspondentes poderes à Comunidade. De notar que o artigo 90.º proíbe as discriminações, directas ou indirectas, contra os produtos de outros Estados membros ou o proteccionismo fiscal de produtos (nacionais) concorrentes.

[24] Instituído pela Directiva 77/388/CEE, do Conselho, de 17 de Maio de 1977, doravante designada por Sexta Directiva.

[25] Sobre os modelos de integração, designadamente sobre as modalidades

O sistema comum do IVA – matéria colectável uniforme – abrange, quer as operações puramente internas dos Estados membros, quer aquelas em que se verifica algum elemento de extraneidade determinante da sua conexão com outros espaços e soberanias fiscais, seja no território da Comunidade, seja com países terceiros. No que se refere às trocas intracomunitárias de mercadorias vigora um regime transitório comum[26], assente no

---

de integração negativa e positiva, *vide* MANUEL CARLOS LOPES PORTO, *Teoria da Integração e Políticas Comunitárias*, 3.ª edição, Almedina, 2001, pp. 209 e segs..

[26] Regime transitório que, pelo menos em horizontes temporais próximos, tende a converter-se em definitivo. A Comissão das Comunidades Europeias (doravante Comissão) assumiu, de forma clara, como pressuposto das *"prioridades da estratégia em termos de IVA"* que o almejado regime definitivo de tributação, baseado no princípio da origem, é a curto e médio prazo inalcançável, avançando com um conjunto de propostas que, em larga medida, consagram o princípio inverso, o da tributação no destino, aferindo--se o local de consumo como aquele em que o destinatário das operações se encontra localizado. Reconhece a Comissão que um *"sistema de tributação na origem como o que foi apresentado pela Comissão em 1996 ... requer um grau de harmonização das taxas do IVA muito maior do que o actualmente existente."* Bem como,*"enquanto não houver vontade política para um regime de tributação na origem a melhoria do funcionamento do sistema comum do IVA deve respeitar imperativamente a estrutura do regime actual. Sucede que, para assegurar que o imposto seja pago ao Estado membro de consumo, o local de tributação das operações deve aproximar-se tanto quanto possível do local do destinatário da operação, e não do local de origem do operador que efectua a operação. Simultaneamente, o funcionamento deste regime permite que os Estados-Membros possam continuar a beneficiar de uma certa flexibilidade na determinação das taxas."* Vide a Comunicação da Comissão, de 20 de Outubro de 2003, COM(2003)614, que actualiza a *"Estratégia para melhorar o funcionamento do sistema do IVA no mercado interno"*, constante da Comunicação de 7 de Junho de 2000, COM(2000)348. Sem prejuízo de já na primeira definição da 'Estratégia 2000' se admitir não estarem reunidas as condições para a implementação de um sistema de IVA baseado no princípio de tributação na origem (ponto 2.1 da comunicação).

princípio de tributação no destino, adoptado com a introdução do mercado único europeu, e concomitante abolição das fronteiras fiscais intracomunitárias, em 1 de Janeiro de 1993.

Não obstante a sua origem comunitária, trata-se de um imposto nacional, criado e aplicado por cada um dos Estados membros ao abrigo das respectivas legislações internas, mediante transposição[27] das correspondentes directivas comunitárias. As receitas do imposto revertem, como em qualquer imposto de origem nacional, para os orçamentos estaduais.

Verifica-se, porém, uma diferença: a matéria colectável do IVA, determinada de forma harmonizada, válida para todos os Estados membros[28], constitui a premissa de cálculo dos recursos próprios comunitários referentes ao IVA. Ou seja, *grosso modo*, uma percentagem das matérias colectáveis de IVA dos Estados membros são fonte directa de financiamento do orçamento comunitário[29]. Tal característica, em nosso entender, não chega para desvirtuar a sua natureza de imposto estadual[30].

---

[27] Designamos por transposição o acto de recepção legislativa das normas comunitárias no direito interno.

[28] A denominada base estatística "*teórica*".

[29] O sistema de financiamento da União Europeia através de recursos que lhe cabem por direito próprio e não de contribuições dependentes da vontade dos Estados membros é uma característica essencial do carácter supranacional desta. O regime de financiamento da União Europeia ancora-se na Decisão do Conselho, de 21 de Abril de 1970 (JOCE L 94, de 28 de Abril de 1970), que veio estabelecer um sistema de recursos próprios, os quais são, actualmente, de três tipos: (i) recursos próprios tradicionais (RPT) referentes essencialmente aos direitos aduaneiros e aos direitos niveladores agrícolas; (ii) recursos baseados no IVA, correspondendo à aplicação de uma percentagem ou taxa uniforme sobre uma base harmonizada, não podendo, em todo o caso, tal base exceder 50% do Produto Nacional Bruto (PNB); e (iii) recursos baseados no PNB. Em 2003 o peso do RPT e do IVA era de 38% do total das receitas, tendo vindo gradualmente a perder terreno em favor dos recursos assentes no PNB. A respeito de recursos próprios, veja-se a Decisão do Conselho (2000/597/CE, Eura-

À primeira vista poderia pensar-se que nos defrontamos com um modelo do IVA correspondente a uma harmonização *tout court*, onde a intermediação comunitária se limita à erradicação das disparidades existentes entre as legislações nacionais de forma a alcançar soluções idênticas, sem limitar, contudo, o exercício da competência legislativa nacional[31]. Harmonização usualmente efectuada com recurso a directivas, instrumento normativo típico definido pelo carácter vinculativo, para os Estados membros destinatários, das finalidades a atingir, mas livre quanto à selecção da forma e meios[32].

Inclinamo-nos, no entanto para considerar que a Sexta Directiva do IVA, que estabelece o *"sistema comum – matéria colectável uniforme"*, se aproxima mais do paradigma de uniformização[33].

---

tom), de 29 de Setembro, publicada no JOCE L 253, de 7 de Outubro de 2000, e o Regulamento (CE, Euratom) n.º 1605/2002, do Conselho, de 25 de Junho, publicada no JOCE L 248, de 16 de Setembro, que institui o Regulamento Financeiro aplicável ao orçamento geral das Comunidades Europeias. Deve ter-se, ainda, em consideração que as medidas derrogatórias à Sexta Directiva do IVA, em concreto no que se refere à base tributável uniforme, não devem ter incidência negativa sobre os recursos próprios da Comunidade baseados neste imposto.

[30] Os recursos próprios da Comunidade não se afiguram, segundo entendemos, impostos europeus ou comunitários. Contra, G. CASADO OLLERO, "Consideraciones sobre la estructura jurídica del impuesto sobre el valor añadido en el ordenamento italiano", in *Civitas, REDF*, núm. 24, p. 589, *apud* MARTA VILLAR EZCURRA, "Exigências del Derecho Comunitario a la Metodología del Derecho Financiero y Tributario", in *Crónica Tributaria* n.º 100 (2001), pp. 23-47.

[31] MANUEL PIRES, "Harmonização fiscal face à internacionalização da economia: experiências recentes", in *A Internacionalização da Economia e a Fiscalidade*, Centro de Estudos Fiscais, Lisboa, 1993, pp. 11 e segs..

[32] Artigo 249.º do TCE. Note-se que a harmonização não postula o uso exclusivo das directivas, podendo, em alguns aspectos, a edição de normas efectuar-se por intermédio de regulamentos.

[33] Apesar de subsistirem algumas excepções relevantes, como se verifica no domínio da fixação das taxas do imposto, onde a diferença das taxas

Por um lado, nos aspectos fundamentais – delimitação da incidência (pessoal e objectiva), isenções e mecanismo do crédito de imposto[34] – foi *ab initio* cortado cerce o espaço de manobra dos Estados membros. Não lhes é concedida verdadeira liberdade de opção em matéria de incidência, nesta se incluindo o sistema de deduções, ressalvados alguns aspectos marginais ou pontuais[35]. As prerrogativas de escolha traduzidas na liberdade de meios são atribuídas principalmente em matérias não nucleares, respeitantes a obrigações formais e acessórias. Porém, mesmo aí, a evolução histórica demonstra a redução das áreas passíveis de opção[36].

Por outro lado, o Tribunal de Justiça das Comunidades Europeias (TJ) tem sistematicamente interpretado os conceitos relevantes utilizados pela Sexta Directiva como *"conceitos autónomos de direito comunitário"*[37] que devem ser objecto de uma definição

---

normais dos diversos Estados membros oscila, com enorme amplitude, entre um mínimo permitido de 15% e o máximo de 25%. *Cfr.* a Directiva 2005//92/CE, do Conselho, de 12 de Dezembro de 2005, publicada no JOUE L 345, de 28 de Dezembro.

[34] Na maioria das vezes referido por 'direito à dedução'.

[35] A título meramente ilustrativo menciona-se o artigo 4.º, n.º 3 da Sexta Directiva que concede aos Estados membros a possibilidade de considerarem sujeitos passivos qualquer pessoa que realize um acto ocasional relacionado com uma actividade económica, ou os artigos 5.º, n.º 8 e 6.º, n.º 5 da Directiva, que autorizam a opção por um regime de não tributação das transferências de universalidades de bens e serviços, totais ou parciais. Menos insignificante é, porém, a disparidade de regimes permitida a respeito das operações imobiliárias.

[36] Foi o que sucedeu, designadamente, com a aprovação da Directiva 2001/115/CE, do Conselho, de 20 de Dezembro de 2001, que veio estabelecer um padrão quase uniforme relativo às condições e procedimentos de facturação.

[37] Geralmente em processos de reenvio prejudicial (artigo 234.º do TCE). *Vide* a propósito da temática das isenções e das condições para a sua

comunitária unívoca. Não se admite a significância extraída das legislações nacionais, tornando indefensável uma hipotética *"teoria de reenvio"*, através da qual os Estados membros confeririam aos conceitos utilizados no âmbito do IVA o mesmo sentido que lhes é atribuído pelos seus sistemas jurídicos internos[38].

Acresce que, historicamente, as sucessivas modificações introduzidas na Sexta Directiva têm traduzido passos seguros no caminho de uma verdadeira e própria unificação, processo que, em

---

aplicação os acórdãos de 11 de Agosto de 1995, BulthuisGriffioen, C453/93; de 12 de Setembro de 2000, Comissão/Irlanda, C358/97; de 12 de Junho 2003, Sinclair Collis, C275/01 e de 18 de Novembro 2004, Temco Europe, C284/03.

[38] Em última instância, caso a teoria do reenvio prevalecesse, na linha do artigo 11.º, n.º 2 da Lei Geral Tributária (LGT), chegaríamos a situações anacrónicas de aplicação de conceitos de direito privado, dotados do seu formalismo e rigidez característicos, para delimitar as proposições de incidência do IVA. Basta pensar no amplíssimo conceito de prestação de serviços constante do artigo 6.º, n.º 1 da Sexta Directiva (transposto pelo artigo 4.º, n.º 1 do Código do IVA) que, se interpretado à luz da definição do contrato de prestação de serviços previsto no artigo 1154.º do Código Civil, veria limitada de forma drástica as suas potencialidades de aplicação, transformando um imposto de base alargada num imposto quase exclusivo sobre transmissões de bens. Adicionalmente, tendo em conta as disparidades de sistemas jurídicos no espaço comunitário, onde a *common law* convive com o perfil romanístico da Europa continental (para além de outros sistemas não tipificados), um hipotético reenvio significaria a existência, não de um, mas de tantos regimes de IVA quantos os Estados membros que o aplicam. Este ponto será adiante abordado, mas adiantamos, desde já, a nossa discordância deste método, não só a nível comunitário, como no contexto da estrita aplicação do direito tributário de fonte interna. Como cânone hermenêutico desligado do sentido e finalidade das normas tributárias e da idiossincrasia da sua *ratio legis* é, pura e simplesmente, de rejeitar. Em sentido divergente, *cfr.* Diogo Leite de Campos, "Interpretação das Normas Fiscais", *in Problemas Fundamentais do Direito Tributário*, Vislis Editores, 1999, pp. 19-31.

2005, culminou na adopção, pela primeira vez, de um regulamento comunitário[39] estabelecendo medidas uniformes de aplicação da Sexta Directiva.

Independentemente do maior ou menor grau de harmonização que se propugne, o modelo comunitário do IVA demonstra ser o paradigma mundial de tributação indirecta. Atrevemo-nos a identificá-lo como um verdadeiro caso de sucesso fiscal[40]. Não só subsiste praticamente inalterado nos seus contornos essenciais há aproximadamente três décadas na Comunidade europeia, representando aí uma parcela substancial das receitas fiscais dos Estados membros[41], como tem sido 'importado' por inúmeros países, que assim adoptaram o padrão instituído pela Sexta Directiva[42]. Uma excepção relevante é de assi-

---

[39] Regulamento (CE) n.º 1777/2005, do Conselho, de 17 de Outubro, publicado no JOUE L 288, de 29 de Outubro.

[40] O IVA introduz, em virtude do mecanismo de crédito de imposto, um movimento de fiscalização cruzada entre os operadores económicos intervenientes nas fases intermédias do circuito produtivo, que acarreta um efeito disciplinador, favorecendo a declaração das transacções por parte dos sujeitos passivos que pretendem exercer o direito à dedução do imposto incorrido. Por outro lado, o facto de ser incorporado no preço dos bens e serviços torna-o menos perceptível, por parte do consumidor (efeito 'anestesiante') que, assim, resiste menos à sua adopção ou aos respectivos aumentos de taxas. Deste modo, oferece inegáveis vantagens. É extremamente eficaz na obtenção de receitas fiscais e permite um controlo e monitorização acessíveis por parte das Administrações Fiscais. CLOTILDE CELORICO PALMA designa-o de 'imposto reditício'. Cfr. desta autora: Introdução ao Imposto sobre o Valor Acrescentado, Almedina, 2005, pp. 21-22.

[41] De acordo com os dados estatísticos recolhidos no Eurostat, o IVA representa cerca de metade das receitas originadas pelos impostos indirectos na União Europeia. Por seu turno, as receitas provenientes dos impostos indirectos são equiparadas às dos impostos directos – Cfr. Eurostat Yearbook 2005, Europe in Figures, Chapter 3, disponível on-line in http://epp.eurostat.cec.eu.in.

[42] Contam-se, actualmente, quase 200 países que basearam o seu sistema de tributação indirecta na matriz do IVA adoptado no espaço comunitário

nalar no tocante aos Estados Unidos da América, que permanecem fiéis ao *"sales tax"*[43].

4. A intersecção dinâmica da elisão com o IVA

A propensão dos cidadãos para a obtenção de vantagens fiscais reflecte-se no IVA, à semelhança dos outros impostos. Também nesta sede são recorrentes os comportamentos predispostos à maximização dos ganhos ou diminuição e até eliminação dos 'custos' fiscais. Porém, se olharmos para os exemplos carreados pela doutrina, ou para os casos jurisprudenciais raramente nos deparamos com a menção à elisão no IVA. Ao invés são com frequência apontados casos de evasão directa ou de fraude fiscal, como ocorre com os conhecidos fenómenos das facturas falsas e da *'fraude carrossel'*[44]. Excluímos, porém, do objecto do

---

cujo criador, na década de 50 do século XX, foi o francês Maurice Lauré. Vide CLOTILDE CELORICO PALMA (*"Introdução ..."*, cit., pp. 11-12).

[43] Com características de imposto monofásico incidente sobre o comércio a retalho. Para uma análise mais aprofundada do *'sales tax'* norte americano veja-se MATTHEW N. MURRAY e WILLIAM F. FOX, *The Sales Tax in the 21st Century*, Westport, Connecticut, London, Praeger, 1997.

[44] As preocupações dos Estados membros em relação à fraude no IVA, em particular à fraude transfronteiriça conduziram à criação de um grupo *ad hoc* no Conselho que, de forma conjugada com o Comité Permanente de Cooperação Administrativa (SCAC) formado no seio da Comissão, está na origem da rápida adopção pelo Conselho de um novo Regulamento relativo à cooperação administrativa no domínio do IVA – Regulamento (CE) n.º 1798/2003, do Conselho, de 7 de Outubro, JOUE L 264, de 15 de Outubro, a que sobreveio o Regulamento (CE) n.º 1925/2004 da Comissão, de 29 de Outubro de 2004, JOUE L 331, de 5 de Novembro, que estabelece as normas de execução de certas disposições daquele. Saliente-se que diversos casos de *'fraude carrossel'* deram origem ao recente Acórdão do TJ, de 12 de Janeiro de 2006, proferido nos processos apensos

nosso estudo, a evasão *stricto sensu*, pelo que nos iremos concentrar nos casos de contorno da lei e não naqueles que se caracterizam pelo seu confronto directo.

Convida à reflexão este aparente desinteresse pelas manifestações elisivas no IVA, imposto de desempenho irrepreensível na obtenção de receitas fiscais, movendo fluxos financeiros significativos, na generalidade dos Estados membros da Comunidade Europeia. Não se trata de um imposto novo. Em Portugal decorreram mais de 20 anos desde a entrada em vigor do regime do IVA[45]. Tempo suficiente para a recolha da matéria-prima de uma investigação jurídica.

Ressalta, pois, que a elisão tem sido eminentemente estudada e teorizada pela doutrina numa óptica tributária generalista.

Optigen Ltd C-354/03; Fulcrum Electronics Ltd C-355/03; Bond House Systems Ltd C-484/03, todos contra Commissioners of Customs & Excise, e ao Acórdão, de 6 de Julho de 2006, Axel Kittel C-439/04 e Recolta Recycling SPRL C-440/04, em que a contraparte é o Estado belga. Esta jurisprudência vem proteger os terceiros intermediários nas operações circulares, desde que se encontrem de boa fé, reconhecendo-lhes o direito à dedução do IVA.

[45] Note-se que a aprovação da Primeira e da Segunda Directivas relativas ao IVA se materializou em 11 de Abril de 1967, na sequência da constituição do Comité *Neumark* (Directivas 67/227/CEE e 67/228/CEE), consubstanciando os primeiros passos embrionários de harmonização em matéria de impostos sobre o volume de negócios. A entrada em vigor do actual sistema comum, introduzido com a Sexta Directiva (77/388/CEE), completou-se em 1980, ano em que a República Federal da Alemanha e o Luxemburgo a transpuseram para as respectivas ordens jurídicas. Como se sabe, Portugal aderiu mais tarde, tendo o Código do IVA entrado em vigor em 1 de Janeiro de 1986 (artigo 10.º do Decreto-Lei n.º 394-B/84, de 26 de Dezembro), ainda que a transposição só fosse obrigatória, à luz do Tratado de Adesão, a partir de 1 de Janeiro de 1989, nos termos do artigo 395.º e Anexo XXXVI, Parte II, do Tratado de Adesão de Portugal às Comunidades Europeias, aprovado pela Resolução da Assembleia da República n.º 22/85, de 18 de Setembro.

Tendo em conta a relevância do IVA nos modernos sistemas tributários aflorada nas considerações que antecedem, propomo--nos escrutinar o fenómeno da elisão circunscrito a este imposto.

5. Razão de ordem

Metodologicamente, como ponto de partida, procede-se a uma breve incursão na teoria geral da elisão, identificando os princípios informadores da ordem jurídica tributária nacional.

Após o que se versará, de forma específica, a elisão fiscal no IVA, atendendo às particularidades suscitadas pela necessidade de articulação das duas ordens jurídicas – nacional e comunitária – que aí se sobrepõem, analisando as inerentes repercussões nas respostas jurídicas tradicionais ao comportamento elisivo. Neste ponto, salienta-se a importância da construção jurisprudencial levada a efeito pelo Tribunal de Justiça (TJ) e as perspectivas recentemente abertas pela decisão do caso '*Halifax plc*', processo C-255/02.

Por fim, em sede de conclusões, problematizamos a aplicabilidade da cláusula geral anti-abuso prevista no artigo 38.º, n.º 2 da Lei Geral Tributária (LGT) ao IVA, perspectivando a respectiva (in)compatibilidade com o Direito Comunitário.

★ ★ ★

II. A REACÇÃO DA ORDEM JURÍDICA À ELISÃO FISCAL. SISTEMATIZAÇÃO

1. Os princípios fundamentais: a Constituição Fiscal

1.1. *Considerações preliminares*

A ordem jurídica é um sistema de ordem axiológica integrado por princípios, caracterizáveis como pautas directivas de normação jurídica, de importância estruturante, manifestações especiais da ideia de Direito[46]. A conexão de sentido própria do Direito é, pois, teleológica e não lógico-formal.

O Direito tem de ordenar princípios, por vezes, contraditórios. Evitar contradições de valoração só é realizável de modo

---

[46] Por contraponto às regras jurídicas, os princípios apontam um caminho para a resolução de casos concretos, sem, contudo, fixarem um resultado necessário. Fornecem critérios para a tomada de posição frente a situações *a priori* indeterminadas e não corporizam um concreto modo de agir. *Cfr.* RONALD DWORKIN, *Taking Rights Seriously*, London, Duckworth, 1977, pp. 35-36. Na esteira de ROBERT ALEXY, *A Theory of Constitutional Rights* (1986), trad. britânica de Julien Rivers, Oxford University Press, reimpressão 2004, pp. 47-48, são mandados de optimização susceptíveis de um cumprimento em diferentes graus e não de serem simplesmente cumpridos ou incumpridos. Considera-se, ainda, que se encontram na base de regras jurídicas e desempenham, por isso, uma função normogenética.

aproximativo e obriga o legislador, o intérprete e o aplicador do Direito a uma conciliação. Também no Direito Fiscal surgem princípios cuja aplicação implica concessões recíprocas, mútuas compressões, ainda que com ressalva do seu núcleo essencial. É o que ocorre com a clássica dicotomia entre Justiça e Segurança Jurídica[47], *ius aequum* e *ius strictum*.

As tentativas fundamentalistas de absolutização ou exacerbação de alguns dos princípios da chamada Constituição Fiscal[48] são de afastar. Essencial à coexistência dos diversos princípios nela vertidos é, em face da previsão da sua simultaneidade e natureza frequentemente antitética, a cedência optimizada em ordem à construção de um sistema coerente. Propugna-se, portanto, a respectiva concatenação.

Devem ponderar-se, em caso de colisão, as valorações subjacentes às opções do legislador – constituinte e ordinário –, determinando-se o seu alcance potencial e actual, e procedendo-se à compressão ajustada ao caso concreto que compatibilize no seu grau máximo a vigência das pautas em confronto, respeitando o princípio da proporcionalidade na sua tripla vertente: necessidade, adequação e subsidiariedade[49].

O processo descrito é essencial, desde logo, porque os princípios não têm de antemão a sua amplitude fixada, nem existe uma ordem hierárquica de todos os bens e valores jurídicos[50]. Não há, nesta sede, um *a priori*.

---

[47] Nas modalidades de igualdade-capacidade contributiva *vs.* legalidade--tipicidade.

[48] Usamos a expressão no sentido que lhe é conferido por JOSÉ CASALTA NABAIS, (*"Direito ..."*, cit., pp. 123 e segs.).

[49] No domínio dos Direitos Fundamentais *cfr.* JORGE REIS NOVAIS, *As Restrições aos Direitos Fundamentais não Expressamente Autorizadas pela Constituição*, Lisboa, 2003.

[50] KARL LARENZ, *Metodologia da Ciência do Direito*, 3.ª edição (Trad. de José Lamego), Fundação Calouste Gulbenkian, Lisboa, 1997, pp. 575-576.

Acresce que a referência à 'lei' é, nas modernas concepções jus-
-científicas, encarada como um apelo ao *bloco de legalidade* em que
se interpenetram numa estrutura complexa as proposições jurídicas, os princípios e os valores informadores da ordem jurídica.
Não podem as normas positivadas ser construídas, interpretadas
ou aplicadas isoladamente. A sua conexão de sentido e validade
tem de ser aferida pelos princípios ou parâmetros optimizado-
res da legalidade, na terminologia de J. J. GOMES CANOTILHO.

Os princípios da ordem pública económica e do sistema fiscal português encontram-se vertidos no texto constitucional.
Atento o âmbito do trabalho, circunscrito à elisão fiscal, referi-
remos tão-somente aqueles cuja combinação suscita aí a divisão
na doutrina: os princípios da capacidade contributiva, da legalidade e da segurança jurídica.

1.2. *O princípio da capacidade contributiva ou da igualdade fiscal*

A doutrina é unânime em reconhecer o princípio da capacidade contributiva como valor fundamental, decorrendo directamente de exigências de Justiça, no enunciado de que a realidades iguais deve ser conferido igual tratamento. Postula que
situações idênticas no plano fáctico não devam receber diferente tratamento tributário, bem como que se trate de forma dis-
criminada o que é desigual.

Este princípio decorre, ainda, do princípio geral da igualdade
contemplado no artigo 13.º da CRP e manifesta-se precisamente através da seguinte chave de repartição: todas as pessoas
devem pagar impostos[51] na medida da sua capacidade contri-

---

[51] Generalidade ou universalidade dos impostos.

butiva⁵². O Estado (pós) social de Direito, não pode prescindir em caso algum do princípio da justa tributação, apenas alcançável com a concretização da referida igualdade fiscal. E tão mais importante do que uma lei igualitária é a igualdade na aplicação da lei⁵³.

1.3. *O princípio da legalidade*

A criação dos impostos, bem como a determinação dos seus elementos essenciais, designadamente incidência e taxas, encontram-se sujeitos ao princípio de reserva de lei⁵⁴. As decisões estruturantes do sistema fiscal, a repartição dos encargos tributários e a escolha dos indicadores de capacidade contributiva encontram-se sob a alçada do legislador⁵⁵.

Este princípio desdobra-se em tipicidade, exclusivismo e determinação.

Na vertente da tipicidade significa que incumbe ao legislador a selecção das manifestações da capacidade contributiva que

---

⁵² Constitui, em simultâneo, um limite material da tributação excluindo desta tanto o mínimo existencial, como o imposto confiscatório. *Cfr.* JOSÉ CASALTA NABAIS, (*"Direito ..."*, cit., p. 150).

⁵³ RUI DUARTE MORAIS, *Imputação de Lucros de Sociedades não Residentes Sujeitas a um Regime Fiscal Privilegiado*, Publicações Universidade Católica, Porto, 2005, pp. 199-208.

⁵⁴ Reserva de lei relativa, nos termos do artigo 165.º, n.º 1, alínea i) da CRP, na sua dupla dimensão, negativa e positiva, conforme assinala J.J. GOMES CANOTILHO, *Direito Constitucional e Teoria da Constituição*, 5.ª Edição, Almedina, 2002, pág. 718: *"A dimensão negativa significa que nas matérias reservadas à lei está proibida a intervenção de outra fonte de direito diferente da lei (a não ser que se trate de normas meramente executivas da administração). Em termos positivos, a reserva de lei significa que, nessas mesmas matérias, a lei deve estabelecer ela mesmo o respectivo regime jurídico, não podendo declinar a sua competência normativa a favor de outras fontes".*

vão ser tributadas. Só os índices constantes da selecção legislativa podem dar lugar a tributação, não sendo legítimo que o aplicador do Direito vá além da previsão (exclusivismo). Quanto à determinação, postula que a norma de incidência tributária se revista de um mínimo de densidade normativa.

Contrapõem-se aqui concepções diversas sobre o correspondente alcance e limites, as quais têm subjacentes posicionamentos díspares em face dos princípios da capacidade contributiva e da segurança jurídica. Por um lado, os defensores da tipicidade fechada propugnam um grau de pormenorização e máxima determinação da proposição fiscal[56], baseada essencialmente em *factispécies*, conceitos ou tipos-estruturais[57]. Por outro lado, uma parte da doutrina concebe e defende uma tipicidade aberta, geral e abrangente, com base em conceitos tipológicos ou tipos funcionais[58], admitindo o recurso a cláusulas gerais e conceitos indeterminados, conquanto se verifique um mínimo de densificação exigível, em obediência ao princípio da segurança jurídica e da concomitante calculabilidade e previsibilidade do regime de tributação[59].

---

[55] *Cfr.* artigo 103.º, n.º 2 da CRP. Veja-se a este respeito J. L. SALDANHA SANCHES, *Manual de Direito Fiscal*, 2.ª edição, Coimbra Editora, 2002, pp. 30 e segs..

[56] É o que sucede com DIOGO LEITE DE CAMPOS, "Evasão fiscal, fraude fiscal e prevenção fiscal", in *Problemas Fundamentais do Direito Tributário*, Vislis Editores, 1999, pp. 191-218, com a agravante de que adopta sem restrições a teoria do reenvio para o Direito Privado.

[57] A propósito destes conceitos veja-se a esclarecedora síntese elaborada por JOÃO TABORDA DA GAMA ("*Acto elisivo ...*" cit., pp. 300-307).

[58] Sobre a noção de tipos-estruturais e tipos-funcionais *vide* ALBERTO XAVIER, "O Negócio indirecto em Direito Fiscal", in *Ciência e Técnica Fiscal* n.º 147, Centro de Estudos Fiscais, Lisboa, Março de 1971, pp. 37-39.

[59] Sobre este tema, uma análise compreensiva, com a qual concordamos, é levada a efeito por ANA PAULA DOURADO, "O Princípio da Legalidade

Por nós, consideramos que a tipicidade fechada é inimiga jurada do combate à elisão, que a maior rigidez do sistema tem uma relação com o fenómeno elisivo que o potencia e dinamiza, pelo que não hesitamos em optar pela segunda concepção. Desde logo, pelos seus pressupostos lógicos. Conforme salienta A. CASTANHEIRA NEVES, a indeterminação conceptual é um dado irrecusável de todos os conceitos jurídico-legais descritivos ou normativos, determinados ou indeterminados[60]. Não há conceitos totalmente precisos[61], pelo que tudo se reconduz a uma questão de grau.

Fiscal na Constituição Portuguesa", in *Ciência e Técnica Fiscal* n.º 379, Centro de Estudos Fiscais, Lisboa, Jul-Set 1995, pp. 47-97.

[60] *Apud* J. L. SALDANHA SANCHES, "A Interpretação da Lei Fiscal e o Abuso de Direito – Anotação ao Acórdão de 21 de Junho de 1995 do STA (Secção de Contencioso Tributário)", in *Fisco* n.ºs 74/75, 1996, p. 109, nota 6. Mais recentemente e tocando outros problemas suscitados pela interpretação jurídica, A. CASTANHEIRA NEVES repudia o 'naturalismo'(ou essencialismo) semântico e conclui que as *"significações dos «símbolos» ou significantes linguísticos são o resultado do «uso», da prática e do desenvolvimento culturais de uma comunidade linguística (…) a relação entre o significante e o significado não é uma relação directa e absoluta mas indirecta e culturalmente contingente"* – Cfr. O *Actual Problema Metodológico da Interpretação Jurídica*, Coimbra Editora, 2003, a pp. 159 e segs. e 343 a 347. No mesmo sentido CARLOS PAMPLONA CORTE-REAL defende a *"indeterminação imanente a todos os conceitos"* – "As Garantias dos Contribuintes", in *Ciência e Técnica Fiscal* n.º 322-324, Out.-Dez. 1985, Centro de Estudos Fiscais, Lisboa, p. 119.

[61] Também não é possível que o legislador tudo preveja. Aliás, um sistema fiscal em que tal seja tentado, demasiado atomizado em normas que procuram tudo prever transformaria os códigos fiscais num conglomerado ou num caos de normas, com o esbatimento dos princípios que devem presidir à tributação e consequente perda de segurança jurídica. O contribuinte não saberia qual a sua situação tributária, não por ausência de normas, mas pelo seu excesso. RUI DUARTE MORAIS (*"Imputação de Lucros …"* cit., pp. 253). Importa, pois, alcançar o equilíbrio entre determinabilidade (resultante da reserva de lei e da tipicidade) e essencialidade.

Por outro lado, tipos legais de imposto que não sejam suficientemente amplos em ordem a abranger as diversas formas (jurídicas) aptas a proporcionar resultados económicos equivalentes poderão traduzir desvios incomportáveis do princípio da igualdade/capacidade contributiva[62].

Por fim, porque se afigura que os conceitos jurídicos indeterminados não são contrários a um mínimo de densidade normativa exigido pela reserva de norma jurídica, ao que acresce ser sindicável jurisdicionalmente e controlável, nomeadamente através da sua vinculação a princípios fundamentais, a actividade administrativa da sua aplicação[63].

1.4. *O princípio da segurança jurídica*

Este princípio respeita, na sua componente objectiva, à garantia de estabilidade jurídica, segurança de orientação e realização do Direito, durabilidade e permanência da própria ordem jurídica[64].

---

[62] A menos que se esteja perante situações pontuais em que é o meio jurídico que é visado pela norma de incidência e não o resultado alcançado. Note-se que um sistema generalizadamente assente na tributação de meios jurídicos seria, além do mais, cabalmente ineficiente e ineficaz.

[63] JOSÉ CASALTA NABAIS refere, ainda, que o princípio da praticabilidade contribui para a atenuação das exigências da determinabilidade do princípio da legalidade fiscal, constituindo-se em suporte para o legislador utilizar conceitos indeterminados (tipo ou *stricto sensu*) ou conceder mesmo faculdades discricionárias – O Dever Fundamental de Pagar Impostos, Almedina, Coimbra, 1998, p. 378.

[64] Acompanhamos J.J. GOMES CANOTILHO (*"Direito Constitucional ..."* cit., pp. 254 e segs.). De acordo com este Professor o princípio do Estado de Direito, como conceito constitucionalmente caracterizado, concretiza-se através da consideração de outros princípios como seus elementos constitutivos: os princípios da legalidade da administração, de segurança jurídica

Na vertente subjectiva, prende-se com a calculabilidade e previsibilidade dos indivíduos em relação aos efeitos jurídicos dos actos dos poderes públicos, devendo aqueles poder confiar na permanência das respectivas situações jurídicas. Perspectiva que se interliga com a exigência de uma clareza e densificação mínimas da regulamentação legal.

Já em 1776, ADAM SMITH havia enunciado este princípio no seu *Estudo sobre a Natureza e Causa da Riqueza das Nações*[65], identificando a '*certeza*' a par dos outros três pilares de sustentação da sua teoria: economia, comodidade e justiça. Também J. J. FERREIRO LAPATZA se opõe à opacidade das leis tributárias, conferindo lugar de destaque ao princípio da segurança jurídica na criação e aplicação do tributo[66].

Trata-se de um princípio fundamental imanente ao próprio conceito de ordem, aceite como um dos pilares do sistema jus-tributário.

1.5. *A actuação dos princípios no combate à elisão fiscal*

O combate à elisão é corolário do princípio da justa tributação. Sob pena de não se tributarem manifestações da capacidade contributiva que se deviam tributar e de se promover uma desigualdade entre os cumpridores dos deveres de cidadania e soli-

---

e da protecção da confiança dos cidadãos, da proporcionalidade, da protecção jurídica e das garantias processuais.

[65] ADAM SMITH, *An Inquiry into the Nature and Causes of the Wealth of Nations*, London, ed. Edwin Cannan, Fifth edition (1789), republished in 1904, by Methuen & Co. Ltd., cuja versão online se encontra disponível em http://www.econlib.org/LIBRARY/Smith.

[66] J. J. FERREIRO LAPATZA, "Ensayos sobre Metodologia y Técnica Jurídica en el Derecho Financiero y Tributario", *in Crónica Tributaria no. 68*, IEF, Madrid, 1993, pp. 22-35.

dariedade e os inadimplentes. Com um anacrónico prémio para os 'relapsos' e penalização dos contribuintes zelosos, em virtude de, num sistema de resultado zero, como é o caso do sistema fiscal, estes últimos serem chamados, mais tarde ou mais cedo, a suportar a quota parte em falta, aumentando a sua pressão fiscal[67].

ALDO SANDULLI[68], na esteira da doutrina italiana apegada ao princípio da solidariedade nas contribuições para os gastos públicos, afirma que *"La lotta all'evasione fiscale rappresenta un dovere costituzionale e um impegno d'onore in una societá fondata sul principio di solidaritá"*. Entre nós, JOSÉ CASALTA NABAIS defende um dever fundamental de natureza semelhante: o dever fundamental de pagar impostos, ao serviço da consecução do Estado social.

Não se nega o carácter inultrapassável do princípio da legalidade, na vertente da tipicidade: inexistindo norma de incidência não deverá, de todo, ter lugar a tributação. No entanto, o princípio da legalidade nas suas diversas feições, permite leituras mais flexíveis do que a propugnada por uma visão conservadora arreigada a conceitos formalistas. Adicionalmente, este princípio pode (e deve) sofrer compressões quando impostas pela coordenação do princípio da igualdade e da capacidade contributiva *versus* legalidade, por forma a impedir restrições intoleráveis daqueles e a permitir alcançar uma conciliação optimizada dos valores imanentes da ordem jurídica.

---

[67] J. L. SALDANHA SANCHES salienta ainda a distorção que tal fenómeno introduz na concorrência, "O Abuso de direito em matéria fiscal: natureza, alcance e limites", in *Ciência e Técnica Fiscal n.º 398*, Centro de Estudos Fiscais, Lisboa, Abr.-Jun. 2000, pp. 25 e 26. JOÃO TABORDA DA GAMA qualifica as manifestações abusivas como financiamento anti-jurídico (*"Acto elisivo ..."* cit., p. 296). Posições que sufragamos na íntegra.

[68] *Apud* GONÇALO AVELÃS NUNES, "A Cláusula Geral Anti-Abuso de Direito em Sede Fiscal – Art. 38.º, N.º 2 da Lei Geral Tributária – À Luz dos Princípios Constitucionais do Direito Fiscal", in *Fiscalidade n.º 3*, Julho 2000, ISG, pp. 38-62 (p.42).

O fenómeno da elisão coloca-nos, no fundo, perante uma radical tomada de posição acerca do posicionamento relativo dos princípios da legalidade e tipicidade, por um lado, e da capacidade contributiva e solidariedade no suporte dos encargos sociais, por outro[69].

O combate à elisão importa, de igual modo, uma reflexão acerca do princípio da segurança jurídica. Será que o contribuinte que pretende contornar uma norma fiscal, violando o seu espírito, merece a protecção que, em circunstâncias normais, lhe seria conferida pela ordem jurídica, quando calcula e desenvolve uma conduta precisamente direccionada para a defraudar? É legítima a expectativa do contribuinte ao apoiar-se no elemento gramatical da proposição jurídica, para atentar contra o seu espírito, a sua finalidade, a sua *ratio legis*? Parece-nos que não.

Compulsando SALDANHA SANCHES: *"se nos encontramos perante um comportamento que constitui pura manipulação jurídica das formas negociais, não há interesse digno de tutela jurídica e por isso não existe nenhuma lesão da confiança"*[70].

São os princípios, como expressão das valorações fundamentais do ordenamento[71], que, em primeira linha, justificam e determinam o combate à elisão fiscal, para além de constituírem cânones hermenêuticos imprescindíveis à compreensão e aplicação das proposições jurídicas fiscais.

---

[69] Para J. P. CARDOSO DA COSTA, constitui manifestação do conflito entre segurança jurídica e justiça – "A Evasão e Fraude Fiscais face à Teoria da Interpretação da Lei Fiscal", *in Fisco* n.º 74/75, 1996, pp. 41-54.

[70] "*O Abuso ...*" cit., p. 25.

[71] Os princípios são elementos do sistema interno que põem em evidência a unidade de valoração – KARL LARENZ (*"Metodologia.."* cit., pp. 230 a 241 e 623).

2. As reacções ao fenómeno elisivo. Breve incursão e enunciação-síntese

As ordens jurídicas, colocadas perante o desafio de enfrentar a elisão fiscal, cuja recrudescência põe em causa a sustentação financeira do Estado, desenvolveram mecanismos de auto-protecção que podemos integrar em três grandes grupos: legislativo, hermenêutico e administrativo. Dependendo dos ordenamentos e das posições doutrinárias prevalecentes as metodologias anti-elisivas têm vindo a ser utilizadas, ou de forma isolada, ou num esforço conjugado de aplicação plural.

Analisemos separadamente cada um deles.

2.1. *Via legislativa*

A introdução de medidas legislativas é a opção de eleição dos cultores da visão conservadora do Direito Fiscal. Consideram a elisão mera consequência de leis mal elaboradas, com previsões imperfeitas e deficiências supríveis, desvalorizando a capacidade criativa do Homem na busca de novas soluções. Demarcando-nos embora desta visão, importa reconhecer que se trata de uma metodologia privilegiada. Quer numa óptica preventiva, operada na estruturação da norma fiscal, quer na identificação da fase patológica e consequente sancionamento.

2.1.1. *A estrutura da norma fiscal e o elemento linguístico*

A tradicional dogmatização do material jurídico postula a sua elaboração por classes de conceitos, através de um pensamento conceptual classificatório. No entanto esta forma de organização jurídica é questionável do ponto de vista da sua pretensão de plenitude e de idoneidade para resoluções materialmente adequadas[72].

Esta crítica feita para o Direito em geral adquire particular relevo no Direito Fiscal onde o domínio da norma, reportado, directa ou indirectamente, a realidades económicas caracterizadas pela fluidez, mobilidade e versatilidade de roupagens jurídicas, não é passível de ser eficazmente enquadrado em conceitos formais rígidos[73].

A moderna metodologia da ciência do direito prevê, a par desta forma de organização jurídica, um sistema aberto[74] assente em tipos, reflectindo as razões de semelhança dos diversos casos neles enquadráveis[75] e orientado a valores.

A utilização de tipos, denominados funcionais, na terminologia de ALBERTO XAVIER[76], permite reduzir o campo de artificiosa manipulação da norma fiscal. Ao não utilizar significantes rígidos, *maxime* conceitos, abrange no seu campo de aplicação as realidades a que materialmente adira a razão de identidade do tipo

---

[72] Sem prejuízo das suas vantagens sistemáticas, ao nível do chamado sistema externo – KARL LARENZ, (*"Metodologia ..."* cit., pp. 621-624).

[73] Segundo CARLOS PAMPLONA CORTE-REAL a rigidez normativa nunca será solução desejável no Direito Tributário (*"As Garantias ..."* cit., pp. 122).

[74] Um sistema modificável, atento aos novos fenómenos sociais e jurídicos sem tentar forçar os *"novos tipos nas velhas categorias"*.

[75] É este sistema, designado de interno, que confere à normação do Direito a sua nota de validade. Seguindo o princípio rector da Justiça, na formulação de tratar igual o que é igual, KARL LARENZ distingue diversas espécies de tipos: standards, padrões, pautas móveis (tipo médio ou de frequência), e prova *prima facie* (*"Metodologia ..."* cit., pp. 660 e segs.).

[76] O autor contrapõe os tipos estruturais, mais rígidos, correspondentes às acima citadas factispécies, aos tipos funcionais. Refere que o tipo funcional, ao contrário do conceito, tem fronteiras por natureza fluidas – ALBERTO XAVIER (*"O Negócio Indirecto ..."* cit., pp. 38-39).

escolhido. Já o *Tatbestandmässigkeit* ou factispécie[77], assenta na configuração jurídica que lhe serve de apoio e representa uma construção conceptual abstracta que apenas admite que caiam no âmbito da sua previsão as situações que revistam as notas distintivas que caracterizam o conceito[78].

Os tipos, de natureza fluida, conferem maior abertura e flexibilização à norma fiscal, dificultando o seu contorno por intermédio de artifícios formais[79]. E o mesmo se diga relativamente ao uso coadjuvante de conceitos indeterminados[80] [81]. Em face das particularidades do Direito Fiscal, propugna-se o recurso a tipos de configuração económica como pressupostos de facto do imposto. No entanto, o apelo a conceitos económicos ou aos efeitos económicos dos actos[82], não significa a perda de

---

[77] Verifica-se na doutrina alguma confusão terminológica. A este respeito remete-se para a esclarecedora análise de JOÃO TABORDA DA GAMA (*"Acto elisivo ..."* cit., pp. 300-307).

[78] Ainda sobre a distinção entre conceito (definitório) e tipo (conceito tipológico), veja-se, entre nós, BARBOSA DE MELO, *Sobre o Problema da Competência para Assentar*, Coimbra, pol. 1983, pp. 20 e segs.

[79] *"Na previsão tipificante o problema reside na dificuldade da previsão abranger certas realidades desviantes, em relação a um conceito central de contornos excessivamente nítidos, por estar moldado pelos factos médios que são também os factos típicos, uma vez que são os que naturalmente ocorrem"* – SALDANHA SANCHES (*"O Abuso ..."* cit., pp. 9-44).

[80] De salientar, também, o método dos exemplos-padrão surgido na doutrina penalista, e que combina um critério amplo e abrangente com os ditos exemplos-padrão (*Regelbeispieltechnick*) – JOÃO TABORDA DA GAMA (*"Acto elisivo ..."* cit., pp. 300-307).

[81] Definidos como critérios de valor com conteúdo flexível carecidos de preenchimento valorativo designadamente por recurso a pautas como a boa fé ou as regras da experiência – JOÃO BAPTISTA MACHADO, *Introdução ao Direito e ao Discurso Legitimador*, Almedina, Coimbra, 1983, pp. 113-114.

[82] Independentemente da forma jurídica que assumam, conforme refere ALBERTO XAVIER (*"O Negócio Indirecto ..."* cit., p. 29).

juridicidade da norma fiscal. Traduz singelamente uma específica forma de estruturar a norma, intensificando o elemento teleológico, de cariz económico, na sua enunciação e subsequente interpretação.

Não somos sensíveis ao argumento de que a previsão normativa assente em tipos ou conceitos indeterminados violaria a determinabilidade requerida pelo princípio da tipicidade fiscal. Já vimos acima que a concepção de tipicidade sufragada é aberta, exigindo-se quanto à determinabilidade um grau mínimo de densidade que os tipos, em regra, permitem alcançar, acautelando, de igual modo, um patamar de previsibilidade indispensável à segurança jurídica. Aliás, conforme anteriormente se referiu, uma determinabilidade extrema seria paradoxal, impraticável e geradora do caos.

Concluímos, assim, com JOSÉ CASALTA NABAIS[83] que as especificações excessivas, porque se enredam na riqueza dos pormenores, perdem o plano de que partiram, acabando, ao invés, por conduzir a maior indeterminação.

Aliada à corrente anglo-saxónica que defende a interpretação literal da norma fiscal como *"the only safe rule"* surge a preocupação de estruturar a norma fiscal usando expressões comuns e não técnico-jurídicas, devendo as mesmas ser interpretadas em conformidade, ou seja, segundo o seu *"ordinary meaning"*. Regra primária de interpretação das Convenções internacionais, reflectida no artigo 6.º da Convenção de Viena sobre o Direito dos Tratados. A *"Literal Rule"* que nos reconduz à *"littera legis"*, ao significado literal ou gramatical da lei, permite usar os termos no seu significado comum, de modo a que sejam acessíveis a todos.

---

[83] *"O Dever Fundamental ..."* cit., pp. 335, 355, 356 e 378.

Porém, se aquilo de que esta corrente trata é da fuga aos rígidos espartilhos das factispécies conceptuais na estruturação da norma fiscal, em nada acrescenta ao que atrás ficou dito. Se pretende arvorar um novo critério interpretativo, afigura-se-nos que aborda uma falsa questão, porquanto a apreensão do sentido em que os termos são empregues pelo legislador – comum, técnico ou outros – deverá ser o resultado do processo hermenêutico, atendendo aos diversos elementos que metodologicamente o enquadram, e não um pressuposto apriorístico que tornaria inútil a interpretação. Aliás, o próprio *sentido comum* pode nem sequer ser unívoco.

Compulsando o modelo do IVA plasmado na Sexta Directiva e no seu diploma interno de transposição, o Código do IVA, deparamo-nos com um paradigma de estruturas de previsão normativa fundadas em tipos amplíssimos e conceitos gerais e indeterminados[84], com o claro objectivo de tributação universal de todas[85] as transacções de carácter económico[86] que

---

[84] Veja-se o artigo 3.º, n.º 3, alínea f) do Código do IVA que equipara a transmissões onerosas, "*ofertas de pequeno valor, em conformidade com os usos comerciais*" (artigo 5.º, n.º 6 da Sexta Directiva – sublinhado nosso).

[85] A regra de tributação de 'todas' as transacções sofre alguns desvios, por razões extra-fiscais ou em face da respectiva complexidade de tributação, como ocorre no caso dos sectores financeiro e segurador, tendo-se aqui consagrado regimes de isenção, sem prejuízo de a Sexta Directiva prever a possibilidade de opção pela tributação, por parte dos Estados membros, no caso de algumas operações financeiras. PATRÍCIA NOIRET CUNHA assinala, a este respeito, que o IVA "*tem uma vocação omnicompreensiva*", in *Anotações ao Código do Imposto sobre o Valor Acrescentado e ao Regime do IVA nas Transacções Intracomunitárias*, Instituto Superior de Gestão, 2004, p. 15.

[86] O carácter económico da actividade constitui critério determinante no IVA, importando, entre outros, à fundamental definição da incidência subjectiva, através da noção de sujeito passivo do imposto (artigo 2.º do Código do IVA e artigo 4.º da Sexta Directiva). A jurisprudência comunitária tem sido, com frequência, chamada a pronunciar-se sobre a respectiva

ocorram em qualquer estádio do circuito produtivo. Resulta, assim, sobremaneira dificultada a elisão.

Na definição da incidência objectiva constata-se a utilização de tipos de largo espectro, por intermédio de duas categorias de operações tributáveis – transmissões de bens e prestações de serviços –, efectuadas a título oneroso por um sujeito passivo agindo como tal. Aliás, são os dois únicos tipos de operações sujeitas a IVA no sistema interno, uma vez que as outras duas – importações e aquisições intracomunitárias – se referem, exclusivamente, a operações plurilocalizadas de trocas de bens[87].

Define-se como transmissão[88] de bens a transferência onerosa de bens corpóreos por forma correspondente ao exercício do direito de propriedade. Por prestação de serviços entende-se, de modo residual, qualquer operação efectuada a título oneroso que não constitua uma transmissão, aquisição intracomunitária ou importação de bens[89] [90].

---

delimitação. Vejam-se, a título ilustrativo, os Acórdãos prolatados nos seguintes processos: C-186/89 Van Tiem; C-60/90 Polysar Investments Netherlands; C-333/91 Sofitam; C-306/94 Régie Dauphinoise; C-155/94 Wellcome Trust; C-80/95 Harnas & Helm; C-142/99 Floridienne e Berginvest e C-77/01 – Empresa de Desenvolvimento Mineiro SGPS SA (EDM).

[87] Assim, em rigor, para efeitos de IVA existem apenas quatros tipos de operações tributáveis, recortados com uma abrangência tal que compreendem no seu âmago a quase totalidade das manifestações de actividade económica.

[88] Aliás, a terminologia da Directiva ainda é mais "*down to earth*", referindo 'entregas de bens' em vez de 'transmissões de bens'. Autores há que atribuem a erro de tradução o uso do termo 'entrega'. Pela nossa parte consideramos que realmente não é o mais feliz.

[89] Artigos 3.º e 4.º do Código do IVA e 5.º e 6.º da Sexta Directiva.

[90] Refere J.L. Saldanha Sanches (*"Manual .."*.cit., pp. 293 e segs.) que se verifica uma abertura da previsão: todas as operações serão tributadas excepto as expressamente excluídas. Não se contesta o efeito de abertura

Não é frequente a utilização de expressões e referentes com sentido técnico-jurídico pré-definido em sede de IVA[91], desde logo, atento o circunstancialismo de se tratar de um imposto harmonizado, cuja aplicação se pretende uniforme em todos os Estados membros. Sendo que estes Estados membros pertencem a diferentes famílias jurídicas, em que os conceitos nem sempre coincidem, e, por vezes, nem sequer têm correspondência.

2.1.2. *A previsão de normas especiais anti-abuso, presunções e ficções*

A reiteração sistematizada de manobras elisivas por parte dos contribuintes visando norma(s) determinada(s) motiva, não raras vezes, o legislador a adoptar 'remédios' específicos, no sentido de colmatar e sanar as 'insuficiências' detectadas e abranger, também, as formas elisivas na previsão legal, ou afastá-las se se tratar de normas que concedem benefícios ou vantagens fiscais.

Estas reacções pontuais e cirúrgicas apresentam, todavia, inúmeras desvantagens, embora sejam de fácil apreensão e aplicação.

Configuram, em regra, reacções *a posteriori*. E, no dito "*jogo do gato e do rato*", o contribuinte mais hábil sempre haverá de levar a melhor, pelos tempos de reacção da ordem jurídica e

---

de previsão. No entanto, esta não é de tal índole que desapareça integralmente um conteúdo positivo que delimite a norma e permita alcançar o 'tipo'. Assim, não é só pelas exclusões que se alcança o seu contorno. O sobredito conteúdo positivo é-nos dado pelo desenvolvimento da noção de 'operação' enquadrada na óptica do conceito de 'actividade económica', pedra de toque da incidência, pessoal e real, para efeitos de IVA.

[91] Porém, sustentamos que a partir do momento em que esses referentes 'comuns' são abraçados pela norma tributária, ganham juridicidade ficando sujeitos às regras de interpretação e aplicação dos demais conceitos e proposições jurídicas.

pelo aproveitamento subsequente dos novos elementos constantes da norma especial anti-abuso, para, desta feita, defraudar esta última[92].

Com frequência, traduzem soluções anti-sistemáticas. No casuísmo das medidas e na sua natureza de *ius singulare*, a proliferação de normas especiais anti-abuso implica a perda de visão de conjunto, o esvaimento da unidade de valoração da ordem jurídica, subjacente à escolha dos indicadores de capacidade contributiva.

Introduzem elementos de injustiça no sistema, ao recorrerem frequentemente a presunções e ficções, assumindo capacidade contributiva onde ela pode, em verdade, não existir.

Saliente-se, a este propósito, que apesar de as presunções fiscais não serem fictas[93] [94], ou seja, admitirem contraprova ou prova do contrário, consubstanciando *meras* inversões do ónus probatório inseridas no direito adjectivo, as dificuldades práticas associadas a este ónus de comprovação transmutam-nas, na verdade, num regime substantivo conducente à tributação efectiva.

Para muitos autores, a existência de normas especiais anti-abuso exclui, em princípio, o direito da Administração Fiscal

---

[92] Por exemplo, através de novos negócios inominados.

[93] O Tribunal Constitucional (TC) tem sido claro na afirmação de que, à luz do nosso sistema, não são de admitir presunções fiscais inilidíveis. A título ilustrativo, *vide* o Acórdão do TC, de 29 de Abril de 1997, proferido no processo n.º 96-0063, que julga inconstitucional a norma constante do artigo 14.º, n.º 2 do Código do Imposto de Capitais, na redacção que lhe foi dada pelo Decreto-Lei 197/82, de 21 de Maio, relativa à não permissão da ilisão da presunção de onerosidade dos mútuos feitos pelas sociedades aos seus sócios (publicado no Diário da República n.º 170, II Série, de 25 de Julho de 1997, pp. 8957 e segs.).

[94] Sobre este tema, FRANCISCO RODRIGUES PARDAL, "O uso de presunções no Direito Tributário", *in Ciência e Técnica Fiscal* n.º 325-327, Centro de Estudos Fiscais, Lisboa, Janeiro-Março 1986, pp. 7-51.

aplicar às matérias por elas especialmente definidas a cláusula geral anti-abuso, caso a situação fique de fora do âmbito de previsão dessas normas especiais[95]. Para outros, estas normas, nada trazem de novo à aplicação de uma cláusula geral anti-abuso, configurando redundância legislativa que, como toda a redundância, é de evitar, até porque torna o sistema mais complexo e, portanto mais inseguro[96].

Outros, ainda, apontam contra sistemas fundados em presunções e ficções o excesso de formalismo jurídico, o seu preconceito de um exasperado conceito de certeza do Direito, o postulado da perene intangibilidade dos esquemas formais e a sobreposição de tais esquemas à realidade económica e ao jogo real de interesses.

Pelas razões expostas, e independentemente de se reconhecer o carácter simplificador e eficaz da tributação efectuada por recurso a normas especiais anti-abuso, a presunções e ficções[97], não se advoga o emprego das mesmas como esquema geral de combate ao abuso fiscal.

Em sede de IVA, um exemplo típico de norma especial anti-abuso encontra-se na limitação do direito à dedução constante do artigo 21.º do respectivo compêndio legal. É vedado ou restringido o exercício do mecanismo do crédito de imposto sempre que sejam efectuados determinados consumos que, pela experiência comum, são normalmente passíveis de utilização privada em fins não empresariais, como ocorre com as despesas relativas a viaturas ligeiras de passageiros, iates, transportes e viagens de negócios e de 'divertimento e de luxo dos sujeitos pas-

---

[95] CYRILLE DAVID, "L'Abus de Droit en Alemagne, en France, en Italie, aux Pays-Bas e au Royaume-Uni (essai de comparaison fiscal)", *in Rivista di Diritto Finanziario e Scienza delle Finanze*, LII, 2, I, 1993, pp. 225 e segs..

[96] RUI DUARTE MORAIS (*"Imputação de Lucros ..."* cit., pp. 250-268).

sivos', sendo consideradas como tal as que, pela sua natureza, ou pelo seu montante, não constituam despesas normais de exploração[98].

2.1.3. *A previsão de normas ou institutos anti-abuso de carácter geral*

A consagração, no direito positivo, de institutos gerais anti elisivos apresenta inegáveis vantagens, independentemente do *rationale* jurídico utilizado. Uma primeira, de natureza dissuasora e preventiva, relativa aos excessos de criatividade fiscal, por parte dos contribuintes[99].

---

[97] As normas especiais anti-abuso, conforme se salientou *supra* socorrem-se, em regra, de presunções e ficções.

[98] Note-se que esta norma especial anti-abuso tem base comunitária no artigo 17.º, n.º 6 da Sexta Directiva. O carácter excepcional e anti-sistemático das normas anti-abuso relativas à dedução do IVA quanto a certo tipo de despesas impõe limites às possibilidades da sua utilização por parte dos Estados membros. Neste caso concreto, de acordo com a Directiva, apenas são permitidas se tais medidas já vigorassem no Estado membro em causa, ao abrigo da sua legislação interna, no momento em que a Sexta Directiva entrou em vigor para esse Estado membro (é, em traços gerais, o caso de Portugal, cujo artigo 21.º estava em vigor quando da efectivação da adesão). E tem implícita uma *"cláusula de não retrocesso"*, *i. é*, os Estados que removam essas medidas especiais, no todo ou em parte, não as podem repôr posteriormente. Salienta-se, também, que o artigo 21.º do Código do IVA não recorreu à técnica da presunção, mas sim da ficção legal, pressupondo uma afectação não empresarial das despesas em apreço e, por conseguinte, não admitindo prova em contrário. Sobre esta matéria vejam-se os Acórdãos proferidos nos processos Comissão contra República Francesa, C-43/96, de 18 de Junho de 1998; Ampafrance SA, C-177/99 e Sanofi Synthelabo C-181/99; de 19 de Setembro de 2000; Comissão contra República Francesa, C-40/00 e C-345/99, ambos de 14 de Junho de 2001, e Metropol Treuhand, C-409/99, de 8 de Janeiro de 2002.

[99] Conforme refere GUILLAUME GOULARD, "L'abus de droit à la lumière du droit communautaire, À propos de l'arrêt CE, 18 mai 2005, SA Sagal"

Outra, de respeito pela certeza jurídica, ao tornar clara e perceptível a existência de parâmetros aferidores da legitimidade das operações ou montagens, quando estas tenham por finalidade ou consequência vantagens fiscais, assinalando os efeitos que a desconformidade de tais operações acarreta. Nesta última vertente, os contribuintes ditos 'imaginativos' ficam cientes dos riscos associados aos comportamentos cuja finalidade essencial resida na minimização fiscal, quando aos mesmos não presidam motivações económicas válidas transparecendo, de igual modo, os critérios que a ordem jurídica abraçou para desconsiderar essas actuações e seus efeitos jurídicos na órbita fiscal.

O aprofundamento da multiplicidade caracterizadora dos meios jurídicos de que os sistemas tributários se têm dotado, ou que a doutrina tem desenvolvido *lege ferenda*, em reacção ao fenómeno elisivo não se compadece com a economia e finalidades deste trabalho.

No entanto, não poderá deixar de se fazer uma breve referência aos institutos e teses mais significativos.

A. A questão prévia da qualificação

A atribuição à Administração Tributária de poderes de (re)qualificação dos negócios jurídicos dos contribuintes, entre nós consagrada pelo artigo 36.º, n.º 4 da LGT, tem sido encarada como um mecanismo anti-elisivo. Sem prejuízo de se lhe ser reconhecido esse efeito, não alcançamos, porém, que se trate de uma questão específica de Direito Tributário e muito menos a resolver por via legislativa, dado que nos situamos aqui no âmbito da interpretação e aplicação das normas.

---

in *Revue de droit fiscal*, Paris, Vol. 57, no. 44-45, de 3 de Novembro de 2005, pp. 1715-1720.

A qualificação consiste numa operação que tem lugar em todos os ramos do Direito. Consiste no enquadramento de um *quid* objecto da qualificação numa determinada previsão normativa[100] ou num *nomen iuris*. Em concreto, no domínio dos contratos é pacífico na doutrina o entendimento de que a qualificação conferida pelas partes não vincula, importando, antes, aferir o conteúdo do mesmo e suas prestações por forma a concluir pela qualificação pertinente[101]. Prevalece, pois, como é natural, a materialidade evidenciada pelo conteúdo. E se assim é na esfera do direito privado, não será de entender diversamente quando estão em jogo, como no Direito Fiscal, para além dos interesses individuais, o interesse público e da colectividade[102].

B. O negócio simulado – afastamento

A figura do negócio simulado é própria da evasão fiscal e configura um confronto directo da norma de incidência tributária. Com efeito, pressupõe a ilicitude dos meios, traduzida na divergência entre a vontade real e a declarada[103]. A simu-

---

[100] JOÃO BAPTISTA MACHADO, *Lições de Direito Internacional Privado*, 4.ª edição, Coimbra, 1990, pp. 111-112.

[101] Que poderá, ou não, corresponder, a um contrato típico. *Cfr.* MÁRIO JÚLIO DE ALMEIDA COSTA, *Direito das Obrigações*, 5.ª edição, Almedina, Coimbra, 1991, pp. 198 e 199.

[102] Não está em causa a adopção de qualquer posição sobre a amplitude dos gastos públicos. Esta dependerá sempre de opções políticas de fundo. Ponto é que, mesmo numa visão restritiva de dimensionamento do Estado, sempre existirá um substrato de despesa pública que terá de ser suportado pelas receitas fiscais.

[103] Como salienta LUÍS MENEZES LEITÃO *("A Evasão ...",* cit, pp. 9-44). A simulação foi acolhida no nosso ordenamento pelo artigo 39.º da LGT, segundo o qual a tributação recairá sobre o negócio jurídico real. No entanto,

lação é, portanto, um acto ilícito[104] que não se enquadra na temática da elisão.

Todavia, é frequente que na riqueza dos casos a distinção entre elisão e simulação se manifeste complexa e discutível[105].

C. O negócio indirecto, o negócio anómalo, o abuso das formas jurídicas, o contrato imperfeito

Têm sido desenvolvidas na dogmática jurídica múltiplas construções cujo principal objectivo reside na autonomização conceptual dos negócios jurídicos empregues pelos contribuintes com finalidades elisivas, distinguindo-os da categoria admitida do negócio fiscalmente menos oneroso, este tolerado, atenta a sua conformidade aos fins da ordem jurídica.

Não obstante os méritos destas teorias, salienta-se, desde logo, que a elisão não se concretiza somente pela adopção de negócios jurídicos, podendo ser atingida através de simples actos jurídicos, meros procedimentos ou operações materiais[106].

---

suscita-se a dúvida de qual será o tratamento a conferir no caso de simulação absoluta, em que, por definição, não existe realidade subjacente à simulação. A simulação absoluta é, em geral, utilizada nos casos de obtenção de benefícios ou vantagens fiscais, através da criação de uma (falsa) aparência que preenche os pressupostos da norma atributiva.

[104] Artigo 240.º do Código Civil. Há, ainda, autores que, neste âmbito, distinguem o negócio fiduciário.

[105] Vide, M. COZIAN, *Les grands principes de la fiscalité des entreprises*, Doc. 2, n.º 43: *"il ne faut pas accorder une portée excessive à la distinction entre simulation et fraude à la loi"*, car il y a toujours un aspect de but exclusivement fiscal dans la fictivité et un élément de fictivité dans le but exclusivement fiscal", apud GUILLAUME GOULARD (*"L'abus de droit ..."* cit., p. 1717).

[106] Um exemplo ilustrativo, em sede de IVA, consistirá na emissão de diversas facturas de montantes reduzidos, relativas a transmissões de bens ou prestações de serviços, ao invés de uma só factura de montante superior, por forma a que o sujeito passivo possa beneficiar das normas mais flexíveis

De acordo com a tese do negócio indirecto, desenvolvida por ALBERTO XAVIER[107], as partes adoptam um negócio em que pretendem deliberadamente atingir fins diversos daqueles que lhe são próprios mediante processos insólitos, formas anormais ou inadequadas no plano jurídico, ou seja, fins diversos dos que representam a estrutura típica daquele esquema negocial[108].

Na mesma linha de pensamento surgem diversas teorias que fazem referência ao negócio anómalo[109], nas quais enquadramos a doutrina do *'abuso de formas jurídicas'*, surgida na Alemanha com a *Reichsabgabenordnung* de 1919[110]. Acompanha esta

---

de regularização do imposto a seu favor, nos casos de incobrabilidade – *Cfr.* artigo 71.º n.ºˢ 9 a 12 do Código deste imposto.

[107] *"O Negócio Indirecto ..."* cit., pp. 7 e segs..

[108] Numa crítica a esta teoria, com a qual concordamos, veja-se LUÍS MENEZES LEITÃO *("A Evasão ..."*, cit, pp. 9-44). Resumidamente, este autor considera que, para se falar de negócio indirecto, é necessário que seja usado um negócio típico para fins diversos daqueles que lhe subjazem, sendo que a fuga ao Fisco pode realizar-se através da celebração de um negócio inominado. Por outro lado, o que, em seu entender, releva não é a desvirtuação entre a estrutura típica e o fim previsto pelas partes é o próprio fim do negócio, no caso de este atentar contra a lei, a ordem pública e os bons costumes. Mas aí defende que já estamos na figura da fraude à lei, enquadrando-a no artigo 281.º, n.º 2 do Código Civil.

[109] Já em 1970 SAMPAIO DÓRIA se referia à anomalia das formas *("A Evasão Fiscal ..."* cit., pp. 81-82). GUSTAVO LOPES COURINHA salienta que se trata de negócios desfuncionalizados, sendo desejados pelas partes não para realização da sua função, mas para obtenção de um outro resultado prático ou económico, o qual pode não ser admitido pelo sistema fiscal. Só neste último caso os considera censuráveis em função do requisito da inusualidade (*A Cláusula Geral Anti-Abuso no Direito Tributário, Contributos para a sua Compreensão*, Almedina, 2004, p. 153).

[110] Os trabalhos preparatórios seguiram de perto as teses ENNO BECKER, um dos principais doutrinadores da teoria da interpretação (consideração) económica. *Vide* o elucidativo resumo de GUSTAVO LOPES COURINHA (*"A Cláusula ..."* cit., pp. 149 a 161).

doutrina a ideia de que se forem utilizadas vias não normais para alcançar determinado resultado económico traduzindo-se em situações de não incidência tributária, que não estejam em conformidade com os fins da norma fiscal, a ordem jurídica deve sujeitá-las a uma tributação idêntica à que recairia sobre as vias normais ou típicas de alcançar esse resultado.

Note-se que apesar da referência ao termo *'abuso'*, não se trata, efectivamente, do conceito de abuso de direito de raiz francesa, tal como tradicionalmente o conhecemos. Não existe aqui um direito subjectivo de que se abuse[111].

O actual § 42 da *Abgabenordnung*, na versão revista em 2000, continua a dar relevância a esta tese. Afirma este preceito que a norma tributária não poderá elidir-se. O crédito tributário nascerá, se se verificar *'abuso de formas jurídicas'*[112], em moldes idênticos aos que ocorrem no caso de uma configuração jurídica adequada às operações económicas.

Por último, segundo a teoria do contrato imperfeito, defendida por TULIO ROSEMBUJ[113], a celebração de contratos com fins elisivos enquadra-se na tipologia dos contratos imperfeitos, que surge no âmbito do direito privado através da análise económica do Direito. Ao contrário do que sucede com os chamados contratos perfeitos que criam situações de vantagem para ambos os contratantes, o que lhes outorga eficiência e aumenta a utilidade

---

[111] Direito subjectivo exercido para fins diversos daqueles para que a lei o atribuiu, com vista a causar dano a outrem – *cfr.* JORGE Manuel Coutinho de Abreu, *Do Abuso de Direito*, 2.ª edição, Almedina, 1999, pp. 43 e segs..

[112] *Missbrauch von Formen*. Socorremo-nos da tradução em castelhano da *Abgabenordnung, 2000, "Ordenanza Tributaria Alemana"*, trad. Carla Schuster, Editorial Colex, 2001.

[113] *El Fraude de Ley, la Simulation y el Abuso de las Formas en el Derecho Tributario*, segunda edición, Marcial Pons – Monografias Jurídicas, 1999, pp. 65 e segs..

e bem estar das partes, os contratos imperfeitos têm subjacentes, entre outros traços distintivos, informação manipulada e efeitos negativos para terceiros, incluindo a Administração Tributária. Sustenta este autor que a *'economia de opção'* só é possível se o contrato resultar perfeito. A imperfeição do contrato conduz à poupança fiscal ilícita, pelo que deve reconstruir-se o contrato perfeito, aquele que as partes *'deviam'* ter celebrado.

D. O abuso de direito

No que se refere à aplicação da teoria do abuso de direito, em desenvolvimento de um princípio geral, de que o artigo 334.º do Código Civil seria o afloramento, opõem alguns autores o argumento de que não está aqui em causa um qualquer direito subjectivo[114]. Deve, contudo, notar-se que mesmo os autores privatistas têm vindo progressivamente a descolar da noção de abuso de direito subjectivo, para um conceito de abuso de direito objectivado[115]. Nesta medida, ficam comprometidas as críticas anteriormente mencionadas, sem prejuízo da necessária readaptação ao Direito Fiscal, designadamente no que se refere a eventuais efeitos invalidantes, os quais, em sede fiscal, devem ser substituídos pela atribuição dos efeitos tributários *'fraudados'* às condutas abusivas.

A teoria do abuso de direito foi adoptada pelo ordenamento francês no combate à elisão[116]. Consagra a inoponibilidade à

---

[114] Neste sentido, GUSTAVO LOPES COURINHA (*"A Cláusula ..."* cit., pp. 123 e segs.).

[115] É o caso patente na recente tese de doutoramento de MANUEL ANTÓNIO DE CASTRO PORTUGAL CARNEIRO DA FRADA, *Teoria da Confiança e Responsabilidade Civil*, Almedina, 2004.

[116] Com base na formulação vertida no artigo *1649 quinquies B* do "*Code Général des Impôts*" e no artigo L.64 da "*Loi des Procédures Fiscales*".

Administração Fiscal, como credora da prestação tributária, de determinados actos levados a efeito pelo contribuinte, desde que estes sejam exclusivamente inspirados pelo objectivo de eliminar ou atenuar a incidência fiscal que o interessado, se não tivesse praticado esses actos, teria normalmente de suportar em face da sua situação e das suas actividades reais[117].

Curiosamente, o exemplo francês não se tem bastado com a teoria do denominado '*abuso de direito*'. Em simultâneo, e em face das dificuldades práticas de aplicação daquela na área fiscal, desenvolveu-se a doutrina do '*acto anormal de gestão*'[118], como forma de reagir contra manobras elisivas. Porém, como refere CHARLES ROBBEZ MASSON, a quase totalidade da doutrina francesa parece ter definitivamente admitido como um dogma intangível que a teoria do acto anormal de gestão é inaplicável na matéria que ora nos ocupa, o IVA[119].

E. A desconsideração da personalidade jurídica colectiva

A desconsideração da personalidade jurídica tem sido entre nós objecto preferencial de estudo da doutrina privatística, sendo frequentemente convocada no contexto do instituto da responsabilidade civil.

---

[117] *Cfr.* GUILLAUME GOULARD (*"L'abus de droit ..."* cit., pp. 1715-1720).

[118] Na linha do que foi dito a propósito do negócio anómalo. Sobre este tema *cfr.* CHARLES ROBBEZ MASSON, *La Notion d'Évasion Fiscale en Droit Interne Français*, Bibliothèque de Science Financière, Tome 29, LGDJ, Paris, 1990 (com prefácio de Maurice Cozian), pp. 289 e segs.. A noção de acto anormal de gestão resulta de um *"edifício pretoriano longamente e pacientemente construído de raiz jurisprudencial"*, e apresenta inegáveis vantagens para a Administração Tributária francesa, em face do seu vastíssimo campo de aplicação.

[119] CHARLES ROBBEZ MASSON (*"La Notion ..."* cit., p. 343).

Não se trata de um conceito ou instituto jurídico autónomo, sintetizando tão-somente na sua formulação a consequência de 'remoção' da ficção jurídica da personalidade colectiva, a qual pode ser imposta por um regime jurídico de direito privado ou de direito público, em circunstâncias diferenciadas e ao abrigo dos mais diversos institutos jurídicos.

Relativamente ao fenómeno da elisão fiscal pode decorrer da ineficácia de contratos de sociedade celebrados com finalidades de contorno da lei fiscal, por 'abuso' de pessoa colectiva, atendendo à sua instrumentalização para se defraudar uma lei. Tem origem no direito anglo-saxónico, no quadro da *"equity, um regime complementar e contraposto ao da common law que visa atenuar a rigidez do direito sempre que novas ou distintas circunstâncias assim o requeiram, assegurando-se a realização da justiça perante novas realidades sociais, ainda que à custa da segurança jurídica"*[120][121].

Porém, não é uma figura dotada de operatividade em matéria de elisão. Ela aplica-se em múltiplas situações fora do âmbito deste estudo, desde logo, em casos de simulação fiscal, e deve, assim, ser enquadrada como um mero efeito jurídico potencialmente decorrente da estatuição sancionadora da norma anti-elisiva.

F. A *'fraus legis'*

A doutrina da fraude à lei tem origem no direito romano[122].

---

[120] RUI DUARTE MORAIS (*"Imputação de Lucros..."* cit., pp. 244-250). É referida como *Disregard of the legal entity* ou *piercing the corporate veil*. Em castelhano, *Levantamento del velo*.

[121] CARMEN BOLDÓ RODA: *Levantamento del Velo y Persona Jurídica en el Derecho Privado Español*, Pamplona, Aranzadi, 1996, pp. 489 e segs..

[122] "*Contra legem facit quid id facit quod lex prohibet, in fraudem vero qui salvis legis verbis sententiam eius circumvenit*" – (Paulus, D. 1.3.29; cf. também Ulpianus, D.1.3.30) – *apud* ANTÓNIO MENEZES CORDEIRO, "Notas Breves

Na tradução magistral de João de Castro Mendes[123]:"*Age contra a lei aquele que fez aquilo que a lei proíbe; age em fraude à lei aquele que evita o comando dela respeitando as palavras da lei*".

Em Portugal, tanto o Código Civil de 1867, como o de 1966 são omissos na matéria. No entanto tal não significa a sua negação. Uma parte significativa da doutrina reconhece a questão do contorno da lei como um tema central do Direito. Porém, em regra não lhe conferem autonomia, reconduzindo-a à temática da interpretação da lei[124]. Esta figura não se encontra expressamente prevista o que se deve ao facto de os autores do projecto do Código Civil entenderem que não era necessário, na linha de Manuel de Andrade, por considerarem que o problema se reconduzia ao da exacta interpretação da norma fraudada, segundo a sua finalidade e alcance substancial.

Efectivamente, segundo Manuel de Andrade[125] *"se bem pensarmos, todo o problema se reconduz ao da exacta interpretação da norma proibitiva, segundo a sua finalidade e alcance substancial. Isto posto, haverá fraude relevante caso se mostre que o intuito da lei foi proibir não apenas os negócios que especificamente visou, mas quaisquer outros ten-*

---

sobre a Fraude à Lei", *in Estudos por ocasião do XXX aniversário do Centro de Estudos Fiscais*, Lisboa, 1993, pp. 121-128.

[123] *Teoria Geral do Direito Civil*, Vol. II, AAFDL, 1979, p. 332.

[124] O recurso à interpretação da norma fraudada como reacção contra a fraude à lei é típico da formulação clássica do conceito. Acaba por se reconduzir a uma questão de interpretação da norma elidida pelo agente, estendendo-se o seu núcleo previsivo à actuação fraudatória, com fins fraudulentos. Nestes termos, uma interpretação extensiva bastará para vedar os casos de elisão fiscal. É substancialmente a posição defendida por Carlos Pamplona Corte-Real, "A interpretação extensiva como processo de reprimir a fraude à lei no direito fiscal português", *in Ciência e Técnica Fiscal* n.º 152-153, Ago.-Set 1971, Centro de Estudos Fiscais, Lisboa, pp. 43-75.

[125] *Teoria Geral da Relação Jurídica*, Vol. II, Almedina, 9.ª reimpressão, Coimbra, 2003, pp. 377 e segs..

dentes a prosseguir o mesmo resultado, só não os mencionando por não ter previsto a sua possibilidade, ou ter sido deliberadamente mero propósito exemplificativo. Fala-se neste caso em normas materiais. Não haverá fraude relevante caso se averigue que a lei especificou uns tantos negócios por só ter querido combater certos meios (esses mesmos negócios) de atingir um dado fim ou resultado, em razão de os julgar particularmente graves e perigosos"[126].

Entendemos que o fenómeno da elisão se enquadra, de facto, neste outro, mais vasto, de contorno das normas[127], sendo de transpor para o Direito Fiscal a noção privatista de fraude à lei, sem prejuízo das necessárias adaptações *vis a vis* as especificidades deste ramo do Direito Público[128].

Alguns autores defendem que a norma fraudada tem de ser preceptiva ou proibitiva, *i. é*, que prescreva ou vede condutas, não revestindo a norma fiscal essa natureza[129]. Ora, o conceito de *'fraus legis'* evoluiu e foi redimensionado, extravasando do âmbito das normas materiais e cada vez mais se assume como

---

[126] No mesmo sentido, JOSÉ BELEZA DOS SANTOS, in *A Simulação em Direito Civil*, 1.º Vol., Coimbra Editora, 1921, pp. 101 e segs., adere à construção germânica de não autonomia do instituto. Tudo se resume à interpretação da lei, constituindo violações da mesma, quer actuações contra a sua letra, quer contra o seu espírito. Sintetiza, ainda, ANTÓNIO MENEZES CORDEIRO ("*Notas Breves ...*" cit., p. 128): "*No fundo a fraude à lei apenas exige uma interpretação melhorada dos preceitos vigentes: — se se proíbe o resultado, também se proíbem os meios indirectos para se lá chegar; — se se proíbe apenas o meio — sem dúvida por se apresentar perigoso ou insidioso — fica em aberto a possibilidade de percorrer outras vias que a lei não proíba.*".

[127] Neste sentido, J.L. SALDANHA SANCHES, (*"O Abuso ..."* cit., pp. 20-21).

[128] O conceito civilista, construído sobre o artigo 294.º do Código Civil, implica a invalidade dos negócios em fraude à lei, atenta a redacção deste que dispõe que os negócios jurídicos celebrados contra disposição legal de carácter imperativo são nulos, salvo nos casos em que outra solução resulte da lei.

[129] É a posição de ALBERTO XAVIER (*"O Negócio Indirecto ..."* cit., pp. 20-22).

uma cláusula geral aplicável a todos os casos de elisão normativa e não apenas à elisão de normas materiais.

Por outro lado, na tese clássica, são-nos dados, pelo menos, três elementos: a norma fraudada, a norma instrumento, ou de cobertura, e a intenção fraudatória. Porém, no Direito Fiscal, a maior parte das vezes o contorno efectiva-se sem norma de cobertura, visando, precisamente o vazio legal que permita a não tributação, ou seja a ausência de norma[130]. Naturalmente, só ocorre fraude se se verificar um elemento adicional, o designado elemento normativo, segundo o qual é fulcral que o resultado alcançado seja contrário ao fim das normas elididas[131]. No que se refere, em concreto, às consequências e efeitos da *fraus legis* fiscal, afastamo-nos da invalidade civilística tradicional[132], sendo simplesmente de reconstituir a situação fiscal que existiria caso não tivesse ocorrido o contorno da norma.

Por fim, relativamente ao elemento intencional[133], consubstanciado no intuito principal (fiscal) quanto aos resultados que irão ser, em princípio, atingidos, importa salientar a sua complexidade e as dificuldades inerentes à prova da vertente subjectiva, que, atenta a sua quase inexequibilidade, configuraria

---

[130] Só assim não será nas situações de obtenção de benefícios ou vantagens fiscais.

[131] Importa, pois, para este efeito, interpretar teleológica e sistematicamente a norma fiscal.

[132] Em sede fiscal, a própria validade do negócio que se propugna é também uma sanção: foram suportados custos de transacção e criadas estruturas com estrito fim fiscal. Desaparecendo os efeitos fiscais pretendidos, os contribuintes têm de suportar as estruturas, os seus custos e, eventualmente, incorrer em mais custos para mantê-las ou desmantelá-las.

[133] A propósito do elemento 'intencional', J.F. AVERY JONES, J. F., "Nothing either good or bad, but thinking makes it so – The mental element in anti-avoidance legislation", in *British Tax Review*, n.os 1 e 2, Sweet & Maxwell, 1983.

uma *diabolica probatio*. Deste modo, é consensual que a prova do fim fiscal deve partir de uma presunção cuja ilação assente em elementos de facto objectivos: ficando evidenciados os factos que demonstrem manifestamente a vantagem fiscal obtida pelo contribuinte, deve presumir-se, com base nessa prova, a intenção do contribuinte.

O elemento intencional constitui uma aproximação ao '*business purpose test*' anglo-saxónico ou do '*non-tax purpose test*' da Cláusula Geral Anti-Abuso canadiana, no sentido de que apenas devem ser havidas como elisivas as transacções em que o objectivo de economia fiscal seja, de forma evidente, o mais relevante.

G. Normas gerais anti-abuso

Muitas das chamadas cláusulas gerais anti-abuso (CGAA) mais não são do que a consagração no direito positivo de alguns dos institutos e figuras que se sintetizaram *supra*. Enfrentam a elisão de forma genérica, numa perspectiva global e abrangente, procurando eliminar os seus efeitos fiscais. No caso português, o artigo 38.º, n.º 2 da LGT consagrou uma norma que combina diversos dos elementos assinalados, correspondendo a uma teoria da fraude à lei, especialmente desenhada para fins fiscais, com alguns traços restritivos consubstanciados nos "*meios artificiosos ou fraudulentos e com abuso das formas jurídicas*" de inspiração alemã[134].

A ausência de um princípio ou instituto jurídico anti-elisivo, seja de construção jurisprudencial ou adoptado por via

---

[134] Combina-se cumulativamente o critério do fim prosseguido, subjacente à doutrina da fraude à lei, com o critério do meio empregue, desenvolvido pela tese do 'abuso das formas jurídicas'. Sobre o tema veja-se J.L SALDANHA SANCHES (*"Manual ..."* cit., pp. 120-123) e José Casalta Nabais (*"Direito ..."*, cit., pp. 207-223).

legislativa, permitiria que o ordenamento se prestasse a práticas elisivas, designadamente através de meios atípicos. Trata-se de um resultado com o qual a ordem jurídica não se pode conformar.

Para os defensores de uma tipicidade fechada uma CGAA será sempre inconstitucional por violação do princípio da legalidade. Porém, não é essa a tese que se advoga. Diversamente, deve considerar-se que a consagração legislativa de uma CGAA introduz uma nota de segurança jurídica no sistema, uma vez que assegura ao contribuinte maior calculabilidade e previsibilidade na relação jurídica fiscal[135][136].

Há quem defenda que, apesar de tudo, o que temos aqui é apenas o efeito de analogia, a CGAA traduz-se numa efectiva aplicação analógica da norma fiscal. Mesmo que assim seja entendido, não nos repugna a aplicação da analogia *legis* em sede fiscal. Com efeito, tal decorre de uma concepção de tipicidade aberta coordenada com a aplicação do princípio da igualdade, bem como de uma distinção meramente gradativa da analogia em face da interpretação extensiva no processo hermenêutico.

---

[135] Como acima se salientou, o contribuinte fica alertado dos efeitos que poderão ser associados a condutas de 'criatividade' fiscal, conquanto se verifiquem determinados critérios parametrizantes. Subscrevemos GONÇALO AVELÃS NUNES (*"A Cláusula ..."*, cit., p. 38) quando afirma que uma *"CGAA constitui um instrumento necessário, adequado e razoavelmente eficiente de combate à elisão fiscal, permitindo ao sistema fiscal como um todo um melhor cumprimento da sua função de realização da justiça e igualdade material, ao serviço da concretização do Estado social de Direito"*. P. 39

[136] Na perspectiva de FRANCO GALLO em prólogo à obra de TÚLIO ROSEMBUJ (*"El Fraude de Ley ..."*, cit., pp. 10-11) uma CGAA, como norma geral anti-elisiva, visa essencialmente uma actuação preventiva e não *a posteriori* do legislador: não deve sobrepor-se a normas especiais anti-abuso, nem afectar o negócio que constitui o meio ou instrumento de elisão ilegítima. Também não deve introduzir uma proibição indiscriminada contra as operações que resultem em poupança fiscal.

A análise da CGAA, constante do citado artigo 38.º, n.º 2 da LGT, interessa-nos unicamente na vertente da susceptibilidade da sua aplicação em matéria de IVA. Disso se versará no capítulo final. Para já, ficamo-nos por duas notas.

Em primeiro lugar, no tocante a operações transfronteiriças a nossa CGAA apresenta limitações. Apenas acolheu a modalidade de elisão realizada pelo abuso de direito na escolha da forma jurídica de *"actos ou negócios"*. O que pode estar frequentemente em causa nas operações plurilocalizadas é uma diferente forma de elisão, traduzida na manipulação artificial dos elementos de conexão que circunscrevem o campo de aplicabilidade espacial da lei[137]. Sendo o IVA um imposto que abrange, em simultâneo, operações puramente internas e transacções transfronteiriças, ficariam coarctadas, de forma significativa as suas potencialidades anti elisivas.

Em segundo lugar, do cotejo do artigo 38.º, n.º 2 da LGT com o artigo 63.º do CPPT resulta que a liquidação de tributos com base em quaisquer disposições anti-abuso, depende da abertura de um procedimento próprio da iniciativa da Administração Tributária. Daqui poder-se-ia facilmente concluir que, mesmo nas situações em que se constatassem todas as condições para que a CGAA operasse, sem que porém tivesse sido observado esse procedimento, não seria admissível a oponibilidade ao contribuinte de uma situação de fraude à lei fiscal, nomeadamente no contexto da via judicial.

No entanto, esta conclusão afigura-se, em nosso entender, incorrecta. Deixar exclusivamente nas mãos da Administração Tributária a possibilidade de tornar ineficazes as actuações em fraude à lei fiscal, impedindo por essa via uma pronúncia judicial autónoma nesse sentido, não constitui posição à qual pos-

---

[137] E na manipulação das normas de conflitos concretizadoras da repartição dos espaços de soberania fiscal dos diversos Estados, configurando, múltiplas vezes, complexas questões de Direito Internacional Privado.

samos aderir. A norma constante do CPPT visa a liquidação de tributos por parte da Administração Tributária, mas não mais do que isso. Deste modo, não fica vedada a intervenção judicial posterior, independente do procedimento próprio de liquidação ao abrigo de normas anti-abuso[138].

2.2. *Via hermenêutica*

Ultrapassada hoje a concepção juspositivista que conduzia à mera subsunção como mecânica silogística e automática de aplicação do Direito, a actividade de interpretação das proposições jurídicas ressurge como tarefa fundamental do intérprete e aplicador do Direito. Decorre, entre outras causas, do reconhecimento da polissemia do texto e dos seus múltiplos sentidos[139] e dirige-se à indagação do sentido normativo da lei, concretizando-se numa actividade de mediação que traz à compreensão esse mesmo sentido[140]. Toda a interpretação consiste, até certo ponto, numa tarefa criadora.

---

[138] É certo que não caberá ao tribunal proceder à liquidação de quaisquer tributos. No entanto, imagine-se uma situação em que a Administração Tributária não fez uso da CGAA, mas procedeu à correcção das declarações fiscais do contribuinte por diversos fundamentos. Se o tribunal concluir que essas razões não se verificam *in casu*, constatando, contudo, em face dos elementos patentes no processo, que se trata de operações desenvolvidas em fraude à lei, ficará inviabilizado de conhecer da ineficácia fiscal das mesmas? Deve inclusivamente ter-se em consideração que, na aplicação do direito, o tribunal não se encontra vinculado às posições das partes. Ao que acresce ser o contencioso tributário impregnado pelos princípios da oficiosidade, da verdade material e do inquisitório.

[139] Para além de que o texto também pode conter expressões ambíguas e obscuras.

[140] Por intermédio de um processo de "*ir e vir da perspectiva*" entre os factos e a norma, de coordenação da situação de facto à previsão da norma

O processo hermenêutico é metodologicamente guiado por pontos de vista directivos ou critérios de interpretação. O primeiro é o da interpretação literal, atento o mencionado carácter polissémico das expressões linguísticas. Importa extrair da lei um sentido que tenha correspondência com o elemento gramatical, com o significante linguístico.

Deve atender-se, também, ao contexto da lei, conferindo prevalência ao sentido que permita a concordância material com outras disposições. Pressupõe-se que uma regulação coerente é, em si, harmónica. Estamos no domínio da interpretação contextual ou sistemática.

Nesta busca de sentido cabe uma breve referência à interpretação histórica, como expressão da vontade do legislador, e à interpretação actualista, que traduz a mediação da lei pela ideia do presente.

Fundamental é, no entanto, a interpretação teleológica, através da qual se pretende alcançar o escopo e intenção reguladora, a conexão de significado que se vai buscar ao sistema jurídico. Numa ordem jurídica orientada a princípios e valores são estes que, a final, irão constituir o critério e envolvente determinantes. Trata-se de uma ponderação da adequação a fins, visando, na esteira de KARL LARENZ[141], as estruturas materiais do âmbito da norma e os princípios jurídicos imanentes do ordenamento jurídico. Apontam-se dois parâmetros: (i) primeiro, o do domínio da norma, correspondente ao segmento da realidade social que o programa da norma escolheu ou criou como seu âmbito de regulação; (ii) segundo, o do princípio da igualdade de tratamento do que é igual ou de idêntico sentido.

---

jurídica. *Cfr.* KARL ENGISCH *apud* KARL LARENZ, (*"Metodologia.."* cit., pp. 394-396).

[141] (*"Metodologia ..."* cit., pp. 469-471).

Da aplicação combinada destes critérios, como resultado do processo hermenêutico, podemos ter uma interpretação declarativa, extensiva[142], restritiva[143], correctiva, revogatória ou ab--rogante e enunciativa[144] [145].

2.2.1. A interpretação das normas jurídicas fiscais

As normas fiscais devem ser interpretadas como quaisquer outras, sem pré-juízos metodológicos, não lhes assistindo o carácter excepcional que outrora lhes foi assinalado. À semelhança do que ocorre noutros sectores do Direito, assume particular importância a interpretação teleológica. Note-se a este respeito que o artigo 9.º do Código Civil marca a prevalência do espírito sobre a letra da lei, embora tenha colocado expressamente a letra como limite à busca do sentido[146].

---

[142] Abrangendo a 'franja' marginal da norma. Segundo CARLOS PAMPLONA CORTE-REAL ("A Interpretação ...", cit., pp. 67 e segs.) a interpretação extensiva é uma exigência do princípio da legalidade.

[143] Circunscrita ao âmbito nuclear da proposição.

[144] Na interpretação enunciativa conclui-se pela existência de um preceito virtualmente contido na norma, designadamente derivado de um argumento *a contrario* ou *a maiori ad minus* – JOÃO BAPTISTA MACHADO ("Introdução ao Direito..." cit., pp. 185 e segs.).

[145] Esta categorização de 'resultados interpretativos' remonta a EZIO VANONI, *Natura ed Interpretazione delle Leggi Tributarie*, CEDAM, Padova, 1932.

[146] JOSÉ DE OLIVEIRA ASCENSÃO "Interpretação de leis. Integração de lacunas. Aplicação do princípio da analogia", in *Revista da Ordem dos Advogados*, Ano 57 – III, Lisboa, Dezembro 1997, pp. 913-941. Consideramos que a matéria de interpretação das leis não é de índole a ser fixada e aprisionada pela via legislativa. No entanto, encaramos o artigo 9.º do Código Civil como a emanação de um princípio geral hermenêutico, assistindo--lhe, por essa razão, validade intrínseca.

Diversas teorias foram desenvolvidas para desvendar a finalidade e *ratio legis* das normas fiscais, desde a teoria da consideração económica de ENNO BECKER, constante do § 4 da *RAO* de 1919 e do artigo 139.º da Constituição de Weimar, posteriormente desenvolvida por TIPKE e KRUSE[147] [148], à teoria da interpretação funcional de GRIZIOTTI e da Escola de Pavia, que considera que o aspecto primordial consiste em determinar a causa do tributo e a função por este desempenhada.

Não obstante tais teorias se concentrarem exclusivamente no objecto económico da normação fiscal, tiveram o mérito de chamar a atenção para este ponto fundamental. Se é de aceitar a crítica de que nem sempre a previsão da norma fiscal visa o resultado económico, na grande maioria dos casos tê-lo-á subjacente[149]. Os países anglo-saxónicos têm desenvolvido prin-

---

[147] HEINRICH WILHELM KRUSE, *Derecho Tributario: Parte General*, 3ª edición, trad. castelhana de Perfecto Yebra Martul-Ortega, Madrid, Editoriales de Derecho Reunidas, 1973, pp. 171-217. *Wirtschaftliche Betrachtungsweise*: as formas jurídicas usadas na delimitação da previsão das normas não são decisivas, mas antes o seu substrato económico efectivo. O objecto da norma do imposto são os factos económicos, enquanto pressupostos de uma correspondente capacidade contributiva. A lei fiscal tem sempre um significado económico dado que se apoia em fenómenos que pressupõem a capacidade contributiva. Deve o intérprete procurar determinar na lei que tipo de situações económicas quis o legislador submeter à tributação, mesmo quando este se exprimiu através de conceitos jurídicos, importados do Direito Civil.

[148] Extremou-se com a *Typisierungstheorie*, segundo a qual o intérprete deveria abandonar a configuração jurídica dos tipos fiscais, substituindo-a por tipos económicos gerais de que as formas jurídicas não passariam de simples concretização ou exemplificação.

[149] Mesmo o exemplo de escola dado pela tributação em sede de Imposto do Selo está longe de constituir excepção a esta regra, porquanto, nomeadamente, no que se refere à tributação das operações financeiras apela a conceitos de conteúdo marcadamente económico, como os 'juros'

cípios com objectivos similares como o da prevalência da substância sobre a forma e o *'business purpose test'*.

Em contraponto às teorias que antecedem, cumpre fazer uma breve referência à tese do reenvio, segundo a qual sempre que a lei fiscal se refere a um conceito jurídico existente no Direito Civil, este terá de ser interpretado de acordo com o sentido aí vigente. É o que consta do artigo 11.º, n.º 2 da LGT. No entanto, e conforme antes salientado, a temática da interpretação não se encontra na disponibilidade do legislador ordinário. E por inúmeras e diversas razões não é de aderir à tese em referência. Diferenças fundamentais entre o Direito Fiscal e o Direito Civil justificam esse afastamento.

A teoria do reenvio apoia-se numa alegada coerência imanente a todas as normas que pertencem a uma só ordem jurídica. Porém, essa coerência está hoje em crise. Não existe um sistema harmónico de normas pré-construído, nem a norma é um pressuposto do procedimento interpretativo, antes o seu resultado. A desagregação da unidade do ordenamento faz surgir uma neo-exegese em que o método do jurista não consiste em mover-se dentro de um só sistema, mas sim através deste, composto por diversos subsistemas, numa contraposição lei geral/especial[150], representando o Direito Fiscal a segunda. A lei especial responde essencialmente a uma ampla diferenciação, própria dos tributos, com um núcleo fundamental, configurando um micro sistema[151].

---

e as 'operações de tesouraria' previstos na Verba 17 da Tabela Geral do Imposto do Selo. Note-se que apesar das demais verbas corresponderem, em geral, a *factispécies* ou estruturas jurídicas típicas, as receitas originadas por este imposto derivam, na sua quota parte mais significativa, desta verba 17. Não deixa de ser ilustrativo.

[150] Com um paralelismo no sistema dicotómico do Reino Unido – *common law vs. statutes*.

[151] Neste sentido e em tese geral sobre a 'relatividade dos conceitos jurídicos', cfr. JOÃO CARLOS SIMÕES GONÇALVES LOUREIRO, O Procedimento

Aliada à relevância dos princípios na estrutura da ordem jurídica, a interpretação conforme à Constituição desempenha um papel primordial na descoberta do sentido da norma fiscal[152]. Ela implica que sejam atendidos os princípios fundamentais que exprimem as valorações do sistema interno, como a dignidade da pessoa humana e a tutela do espaço de liberdade pessoal, o princípio da igualdade e a ideia do Estado social de Direito. Não pode, porém, ultrapassar os limites de um sentido literal possível, do contexto significativo da lei e do seu escopo. Não pode a meta legislativa ser defraudada num ponto de vista essencial[153].

2.2.2. *A integração de lacunas e as limitações impostas pelo princípio da legalidade*

A integração pressupõe o apuramento da existência de uma lacuna. A diferença entre esta e o silêncio da lei ou o espaço livre do Direito é que a lacuna respeita a uma questão necessitada de regulação jurídica e susceptível de tal. Não é toda a incompleição do sistema jurídico, mas sim aquela incompleição que contraria o plano deste. Representa uma imperfeição contrária ao plano da lei não confundível com uma falha da lei na

---

Administrativo entre a Eficiência e a Garantia dos Particulares, *in Boletim da Faculdade de Direito da Universidade de Coimbra*, Studia Iuridica 13, Coimbra Editora, 1995, página 40.

[152] Este princípio ganha relevância autónoma quando a utilização dos vários elementos interpretativos não permite a obtenção de um sentido inequívoco de entre os vários significados da norma – J. J. GOMES CANOTILHO (*"Direito Constitucional ..."* cit., pp. 1210 e 1211).

[153] Por esta razão não podemos chegar a uma interpretação abrogante, se o sentido possível não for consentâneo com a Constituição. Aí teremos, sim, uma norma ferida de desvalor invalidante por inconstitucionalidade.

perspectiva de política legislativa. Aqui, se a lei não está incompleta, mas defeituosa, não há lacuna[154].

A integração de lacunas da lei é um acto criador de Direito, mas não no sentido da emanação de uma norma. É um acto de conhecimento e não um acto volitivo. A compreensão jurídica também tem carácter produtivo e não de mera reprodução.

As recentes correntes jus-científicas superaram a dicotomia metodológica entre interpretação e integração. Se o plano da norma está vertido na sua letra e nos exemplos-padrão, então não há lacuna, não há analogia, há interpretação[155]. E interpretação e desenvolvimento do direito são somente distintos graus do mesmo processo de pensamento. A modificação de uma interpretação ou a concretização de uma pauta carecida de preenchimento são desenvolvimentos do direito. Tratando-se de desenvolvimento do direito imanente à lei, afigura-se ainda estarem a coberto do princípio da legalidade.

A analogia é o mais importante dos processos de integração de lacunas da lei. O outro aparece referido no artigo 10.º do Código Civil: na falta de caso análogo deve ser aplicada a norma que o próprio intérprete criaria se houvesse de legislar dentro do espírito do sistema. O artigo 11.º, n.º 4 da LGT considera insusceptíveis de integração analógica as lacunas referentes aos elementos essenciais abrangidos pela reserva de lei[156].

---

[154] Lacuna normativa equivale a norma incompleta. Lacuna de regulação corresponde a uma regra desprovida de consequência jurídica.

[155] JOÃO TABORDA DA GAMA ("*Acto elisivo* ..." cit., p. 310).

[156] Casalta Nabais ("*Direito* ...", cit., pp. 217) considera, como nós, tratar-se de questão que se coloca a nível constitucional e não a nível do legislador ordinário. No entanto, para este autor, a norma emitida pelo legislador ordinário vincula o aplicador do direito: a administração tributária e o juiz. Nesta última parte temos dúvidas, porquanto vedar a integração analógica pode significar a violação do princípio da igualdade e da capacidade contributiva, com força constitucional. Deriva de uma ponderação de

Uma parte da doutrina nega a possibilidade de integração de lacunas relativamente aos elementos essenciais do imposto invocando o princípio da legalidade nas vertentes de reserva de lei e de tipicidade. Entende que este princípio funciona como limite da actividade de criação jurídica permitida ao intérprete-aplicador, vedando-lhe o recurso a processos de abstracção e conceptualização cuja consequência óbvia seria a tributação de todas as manifestações de capacidade contributiva, fosse qual fosse a forma que revestissem, com a perda total da segurança jurídica.

A integração analógica – mesmo encarada como actividade interpretativa – representaria, nesta senda argumentativa, a criação pelo intérprete de um tipo novo, o que não acontece na interpretação extensiva, que se limita a um simples desenvolvimento de um tipo legalmente consagrado. Alguns autores negam mesmo a existência de lacunas no Direito Fiscal, considerando-o um sistema fechado, ou seja, sem lei não há tributação[157].

Pela nossa parte, entendemos que o princípio da legalidade não restringe a integração por via da analogia *legis*, em virtude de, nesta, em rigor, o desenvolvimento do Direito não se traduzir na criação de um tipo 'novo', como anteriormente referido, mas na mera extensão do tipo legalmente previsto a situações que revestem precisamente as razões de semelhança que justificaram para o legislador a tributação do tipo.

A integração de lacunas por analogia verifica-se, pois, por um imperativo de igualdade e de justiça, pelo apelo à regulação

---

valores, no caso concreto, entre justiça e princípio da legalidade ou da segurança jurídica. Segundo entendemos, a lei não é competente para impedir a analogia, em nenhum domínio, excepto no penal ou sancionatório.

[157] JUAN LINO CASTILLO, "Evásion Legitima", in *Ciência e Técnica Fiscal* n.º 152-153, Ago.-Set. 1971, Centro de Estudos Fiscais, Lisboa, pp. 77-86 (p.83).

de um caso semelhante, e constitui um postulado da coerência legislativa. Há que determinar se são semelhantes as razões que determinaram a solução do caso regulado. A verificação da analogia não é assim mecânica, pressupõe, antes, uma valoração, da qual resulta o juízo de semelhança dos casos pelo prisma da solução legislativa que se pretende aplicar.

Aliás, a fronteira entre a analogia *legis* e a interpretação extensiva é ténue e de grau, pelo que não qualitativa. Já no que se refere às demais modalidades de integração, consideramos que as mesmas ultrapassam as barreiras impostas pelo princípio da legalidade, pois resultariam na tributação de realidades que não encontram identidade nas proposições jurídicas fiscais vigentes.

Paulatinamente, foram surgindo na doutrina, e cada vez mais, autores que, fundando-se no carácter não excepcional do Direito Fiscal, perfilham e admitem a possibilidade de integração de lacunas da norma fiscal mediante o recurso à analogia, mesmo em sistemas onde vigora um princípio de reserva de lei idêntico ao nosso[158] [159]. Em suma, a analogia *legis* não corresponde

---

[158] EZIO VANONI, *Natura ed Interpretaione delle Leggi Tributarie*, Padova, CEDAM, 1932 pp. 271-286; M.S. GIANNINI, "L'Interpretazione e la Integrazione delle Leggi Tributarie", *in Rivista di Diritto Finanziario e Scienza delle Finanze*, 1941, pp. 173 e segs.; SALDANHA SANCHES, "A Segurança Jurídica do Estado Social de Direito. Conceitos Indeterminados, Analogia e Retroactividade no Direito Tributário", *in Ciência e Técnica Fiscal* n.º 310--312, Lisboa, 1984, pp. 287 e segs.; ANDREA AMATUCCI, "L'interpretazione della legge tributaria", *in Tratatto di Diritto Tributario*, I Volume, II Tomo (Il Diritto Tributario e le sue Fonti), Padova, 1994, pp. 547-605; JOSÉ CASALTA NABAIS, "Direito ..." cit., p. 216; GASPARE FALSITTA, *Manuale Di Diritto Tributario*, CEDAM, Padova, 2003, pp. 176-184. Já no corrente ano foi o tema objecto de monografia específica, da autoria de CECÍLIA XAVIER: *A Proibição da Aplicação Analógica da Lei Fiscal no Âmbito do Estado Social de Direito: Reflexões*, Coimbra, Almedina, 2006.

[159] Sem prejuízo de defendermos que, metodologicamente, as normas excepcionais devem ser, de igual modo, passíveis de integração analógica,

à construção de uma nova norma, ela já se encontra implícita no sentido e teleologia da lei. Existe, pois uma previsão implícita, que a torna consentânea com o princípio da legalidade. É esta, como já se deixou antever, a posição que se perfilha.

Afirmamos, pois, em conclusão, que a interpretação teleológica e funcional da norma fiscal constituem formas de reprimir os comportamentos elisivos, considerando-os previstos na norma que se pretendeu afastar através de uma ampliação hermenêutica da sua previsão. Esta ampliação pode ultrapassar os limites de uma interpretação extensiva, atingindo, se assim for necessário, ponderados os bens jurídicos em presença, situações de integração por via de *analogia legis*.

2.3. *Via administrativa* – *'advance rulings, réstricts, interpello'*

A generalidade dos países da OCDE têm vindo a adoptar uma metodologia preventiva da elisão fiscal por via administrativa, permitindo que os contribuintes interpelem a Administração Tributária solicitando informações vinculativas sobre o enquadramento fiscal de operações concretas que pretendem levar a efeito. É o que ocorre em Portugal com as informações vinculativas contempladas no artigo 68.º da LGT, não podendo a Administração proceder, posteriormente, em sentido diverso do da informação prestada no caso concreto.

No entanto, a eficácia deste mecanismo apresenta restrições. Os contribuintes receiam frequentemente expor-se, assim como às operações estrategicamente delineadas para contornar o sistema fiscal. Os tempos de resposta de algumas administrações

---

conquanto se verifique no quadro fáctico uma *ratio* de semelhança que, juridicamente, justifique o tratamento de excepção.

fiscais também não são muitas vezes compatíveis com a celeridade de realização das transacções. Diversos autores têm, em face deste circunstancialismo, assinalado a reduzida relevância de tais instrumentos[160].

É na área das relações especiais inter-empresas e dos preços de transferência que esta figura tem manifestado as suas potencialidades[161], podendo, por vezes, traduzir verdadeiros acordos entre os contribuintes e as Administrações Tributárias. Num sistema como o nosso, em que a relação tributária é indisponível, estas vias de solução têm, contudo, de ser encaradas com algumas cautelas.

★ ★ ★

---

[160] STEFANO GRASSI / STEFANO COSIMO DE BRACO, *La Trasparenza Amministrativa nel Procedimento di Accertamento Tributario, I rapporti tra Fisco e contribuente*, CEDAM, Padova, 1999, pp. 331-364; ENRICO DE MITA, *Principi di Diritto Tributario*, Terza edizione, Dott. A. Giuffrè Editore, Milano, 2002, pp. 38-39.

[161] *Cfr.*, neste âmbito, ACKERMAN, R. ET ALII, "The Advance Princing Agreement (APA) Program: a Model Alternative Dispute Resolution Process" *in Tax Management-Transfer Pricing Special Report*, nr. 9, vol. 2, nr. 15, December 1995; ACKERMAN, R and J. HOBSTER, "Transfer pricing practices, perspectives, and trends in 22 countries" *in Tax Notes International* 24, December 17, 2001, pp. 1151-1158.

III. A ELISÃO FISCAL NO IVA

1. Breve introdução à ordem jurídica comunitária

1.1. *Direito originário e derivado. O desenvolvimento do Direito Comunitário pelo TJ*

O IVA é um imposto de origem comunitária. Nas fontes formais distingue-se o Direito Comunitário originário do derivado, sendo o primeiro criado através de tratados internacionais[162] e o segundo pelos órgãos institucionais da Comunidade Europeia e da União Europeia. A ordem supranacional comunitária depende da atribuição de poderes por parte dos Estados membros, vertida nos Tratados, constituindo estes o parâmetro de validade normativa de todo o direito comunitário derivado[163].

---

[162] Como o Tratado de Roma que instituiu a Comunidade Económica Europeia, seguido pelos respectivos Tratados de revisão. A última alteração ao TCE ocorreu em 2001, com a aprovação do Tratado de Nice (2001/C 80/01), publicado no JOCE n.º 80/1, de 10 de Março de 2001.

[163] MIGUEL GORJÃO-HENRIQUES, *Direito Comunitário – Sumários Desenvolvidos*, 2.ª edição, Almedina, 2002, pp. 197 e segs.. Deste modo, a emanação de normas de direito derivado terá de ter sempre fundamento jurídico expresso numa norma do Tratado.

Relativamente aos actos típicos do direito derivado, o TCE contempla no seu artigo 249.º um elenco taxativo[164]. Como actos normativos comunitários institui o Regulamento e a Directiva. As notas distintivas respeitam à aplicabilidade directa[165] do Regulamento que é obrigatório em todos os seus elementos, i. é, *ne varietur*, com preempção de competência legislativa nacional[166]. A Directiva, vinculando os Estados membros destinatários quanto às finalidades, permite-lhes a escolha da forma e meios, conferindo-lhes liberdade de conformação normativa. Deste modo, constitui o meio preferencial de harmonização legislativa. Porém, esta asserção é posta em causa quando as directivas atingem tal grau de pormenorização e de cogência que não deixam aos Estados membros margem significativa de

---

[164] Transcreve-se a actual redacção do artigo 249.º do TCE:
"*Para o desempenho das suas atribuições e nos termos do presente Tratado, o Parlamento Europeu em conjunto com o Conselho, o Conselho e a Comissão adoptam regulamentos e directivas, tomam decisões e formulam recomendações ou pareceres.*
O regulamento tem carácter geral. É obrigatório em todos os seus elementos e directamente aplicável em todos os Estados-Membros.
A directiva vincula o Estado-Membro destinatário quanto ao resultado a alcançar, deixando, no entanto, às instâncias nacionais a competência quanto à forma e aos meios.
A decisão é obrigatória em todos os seus elementos para os destinatários que designar.
As recomendações e os pareceres não são vinculativos.".

[165] O artigo 8.º, n.º 3 da Lei Fundamental prevê a vigência directa na ordem interna de normas emanadas dos órgãos competentes das organizações internacionais de que Portugal faça parte, desde que este efeito se encontre estabelecido nos tratados constitutivos. É o que ocorre com os regulamentos comunitários, que, deste modo, dispensam qualquer operação de recepção ou incorporação na legislação interna.

[166] A possibilidade de aprovação de normas nacionais de execução relativas às matérias objecto do regulamento depende sempre de uma devolução deste.

regulação[167]. As Directivas requerem sempre um acto nacional de transposição para a ordem jurídica nacional[168] [169].

Em matéria de tributação indirecta são os artigos 90.º e 93.º[170] do TCE que constituem o fundamento primário da competência comunitária, no exercício da qual foi estabelecida a disciplina comum do IVA através da *supra* citada Sexta Directiva[171].

Para além das fontes formais, são, ainda, de referir, atenta a sua relevância, as fontes materiais e a jurisprudência do Tribunal de Justiça.

---

[167] Acompanhamos MIGUEL GORJÃO-HENRIQUES (*"Direito Comunitário..."* cit., pp. 236-243).

[168] Que, de acordo com o artigo 112.º. n.º 9 da CRP, tem de assumir a forma de lei ou de decreto-lei. A Constituição portuguesa aceita a valência interna do direito comunitário, segundo o disposto no artigo 8.º da CRP. Aliás, é reconhecido que a alteração do artigo 8.º pela Lei Constitucional n.º 1/2004 foi no sentido de acolher a primazia genérica do Direito Comunitário, incluindo derivado, sobre a Constituição. Com efeito, foi aditado um novo número 4 ao sobredito artigo 8.º, com a seguinte redacção: "*As disposições dos tratados que regem a União Europeia e as normas emanadas das suas instituições, no exercício das respectivas competências, são aplicáveis na ordem interna, nos termos definidos pelo direito da União, com respeito pelos princípios fundamentais do Estado de direito democrático.*". Neste sentido, *vide*, ainda, o Acórdão do STA de 16 de Março de 2005, processo n.º 01871/03, disponível on-line *in* www.dgsi.pt.

[169] Os outros actos, não normativos, são as decisões – actos individuais e obrigatórios em todos os seus elementos para os destinatários que designar – e os actos não vinculativos: as recomendações e os pareceres.

[170] Dispõe o artigo 93.º que:
"*O Conselho, deliberando por unanimidade, sob proposta da Comissão, e após consulta do Parlamento Europeu e do Comité Económico e Social, adopta as disposições relacionadas com a harmonização das legislações relativas aos impostos sobre o volume de negócios, aos impostos especiais de consumo e a outros impostos indirectos, na medida em que essa harmonização seja necessária para assegurar o estabelecimento e o funcionamento do mercado interno no prazo previsto no artigo 14.º.*".

[171] Directiva 77/388/CEE, do Conselho, de 17 de Maio.

É nas fontes materiais que se enquadram os princípios gerais de Direito Comunitário, incluindo os princípios relativos à protecção dos direitos fundamentais deduzidos das normas constitucionais nacionais dos Estados membros e dos tratados internacionais. A ordem jurídica comunitária é estratificada e principológica[172] [173]. Os princípios gerais ocupam o topo da pirâmide, constituem o padrão de validade das normas comunitárias e conferem-lhes a coerência de um sistema. Assistem, ainda, o intérprete guiando-o através dos critérios e pautas de valoração por eles expressos.

É com apoio neste corpo de princípios gerais, desvendando-os e concretizando-os, que o Tribunal de Justiça, órgão a quem incumbe garantir a correcta interpretação e aplicação dos preceitos de Direito Comunitário[174], tem procedido ao seu profundo desenvolvimento.

As fontes materiais são vinculativas para os Estados membros e pressupõem a necessidade de coordenação com as fontes formais, positivadas, uma vez que se justapõem e conferem a estas últimas a indispensável coerência valorativa.

---

[172] Seduzido por este modelo e dele fazendo uma acérrima defesa, *vide* J. F. AVERY JONES, "Tax Law: Rules or Principles", *in Fiscal Studies*, Vol. 17, n.º 3, IFS, 1996, pp. 63-89

[173] *Cfr.* JAN WOUTERS, "The Application of General Principles of Law by the European Court of Justice and their Relevance for EC and the National Tax Law", *in Selected Issues in European Tax Law*, Kluwer Law International, 1999, pp. 19-35, e FONS SIMONS, "The Theory on General Principles of Justice", *in Selected Issues in European Tax Law*, Kluwer Law International, 1999, pp. 47-51.

[174] Artigo 220.º do TCE.

1.2. *Articulação da ordem jurídica comunitária com o direito interno*

1.2.1. *O papel dos princípios na concatenação das ordens jurídicas*

A vigência simultânea de duas ordens jurídicas coloca problemas de coordenação e compatibilidade cuja solução não se apresenta unívoca. Neste âmbito, múltiplos princípios jurídicos foram desenvolvidos com o objectivo de dirimir situações de sobreposição e conflito, sem perder de vista que o Direito Comunitário, no qual o sistema comum do IVA se integra, é, em grande medida, aplicado pelas autoridades nacionais, administrações e tribunais dos Estados membros.

O primeiro destes princípios é o do primado ou prevalência do Direito Comunitário, devendo os Estados membros adoptar todas as medidas adequadas a assegurar o cumprimento das obrigações decorrentes do Tratado ou de actos das instituições da Comunidade, incluindo, portanto, o direito derivado[175] [176]. A ordem jurídica comunitária é autónoma, embora integrada no sistema jurídico dos Estados membros, e prevalece sobre os 'textos internos'. "*A eficácia do direito comunitário não pode variar de um Estado para o outro em função de legislação interna posterior, sem colocar em perigo a realização dos objectivos do Tratado*"[177]. Assim, os órgãos nacionais estão adstritos à garantia de plena eficácia

---

[175] Esta obrigação de cumprimento e implementação do Direito Comunitário consubstancia um princípio autónomo, designado de cooperação leal, e consta do artigo 10.º do TCE.

[176] Sobre o tema *cfr.* DERRICK WYATT e ALAN DASHWOOD, *The Substantive Law of the EEC*, Sweet & Maxwell, London, 1980, pp. 53 e segs..

[177] Acórdão do TJ, de 15 de Julho de 1964, Flamínio Costa vs. ENEL, processo 6/64.

do Direito Comunitário, devendo desaplicar as normas nacionais quando colidentes[178].

Outro princípio jurídico fundamental é o do efeito directo vertical das normas comunitárias constantes de directivas, conquanto sejam claras, precisas e incondicionais. Permite-se aos particulares invocar tais normas, perante os tribunais nacionais, contra o Estado membro visado[179], independentemente da existência de um acto de inserção na ordem jurídica interna[180].

A uniformidade na aplicação do Direito Comunitário, associada à interpretação do direito interno conforme ao Direito Comunitário e ao efeito útil (ou efectividade) deste consubstanciam linhas rectoras que consolidam a 'hierarquia' entre os dois ordenamentos. O Direito Comunitário prevalece sobre os direitos nacionais e deve aplicar-se da mesma forma e com o mesmo sentido em qualquer dos Estados membros, ainda que as realidades jurídicas e económicas destes não sejam idênticas.

---

[178] J.J. GOMES CANOTILHO (*"Direito Constitucional ..."* cit., pp. 1211-1212) refere o princípio da interpretação do direito interno em conformidade com o Direito Comunitário, para exprimir o dever de os órgãos de aplicação do direito, sobretudo os juízes, interpretarem o direito nacional à luz daquele. Também J. L. SALDANHA SANCHES (*"Manual ..."* cit., pp. 115 e 116). Há, ainda, quem defenda que a primazia do Direito Comunitário sobre os direitos nacionais abrange as próprias normas constitucionais. Parece ser esta a posição do TJ, na linha da alteração do artigo 8.º da CRP pela Lei Constitucional n.º 1/2004.

[179] O efeito directo também preside aos tratados, aos regulamentos e às decisões, mas é relativamente às directivas que se coloca com características especiais, porquanto estas não são, ao contrário daqueles, directamente aplicáveis na ordem jurídica nacional. Requerem um acto receptício por parte do direito interno que, de acordo com o citado artigo 112.º, n.º 9 da CRP, terá de revestir a forma de lei ou de decreto-lei.

[180] Em matéria de IVA, veja-se, entre muitos, o Acórdão do TJ, de 6 de Novembro de 2003, Christoph-Dornier-Stiftung, C-45/01, que reconheceu esse efeito directo a propósito da aplicação de uma isenção.

Ao que acresce dever privilegiar-se a interpretação das normas de fonte interna que conduza à respectiva compatibilidade com a ordem jurídica comunitária[181].

A aplicação uniforme e o controlo da interpretação do Direito Comunitário são assegurados por intermédio do mecanismo do reenvio prejudicial para o TJ que institui uma relação de colaboração entre este e os tribunais nacionais. Os Estados membros podem também ser alvo de uma acção por incumprimento do Direito Comunitário, situação assaz frequente em matéria de IVA[182].

Nos domínios que não sejam das suas atribuições exclusivas a Comunidade está sujeita ao princípio da subsidiariedade, segundo o qual apenas intervém se e na medida em que os objectivos da acção encarada não possam ser realizados pelos Estados membros e sejam melhor alcançados a nível comunitário, devido à dimensão ou aos efeitos da acção prevista[183]. A acção da Comunidade não deverá exceder o necessário para atingir os objectivos do Tratado, sendo o menos intrusiva possível[184].

---

[181] Neste último caso com algumas restrições. Por exemplo, quando uma directiva não transposta imponha obrigações aos particulares, ou preveja normas sancionatórias relativamente àqueles que violem as suas disposições, não lhe deve ser reconhecido efeito directo. Também entendemos constituir um limite a este princípio a interpretação ab-rogante.

[182] MARIA LUÍSA DUARTE identifica uma função integradora da jurisprudência comunitária, cuja principal preocupação consiste em consolidar e desenvolver os pressupostos jurídico-institucionais de uma "Comunidade de Direito" – *cfr. Direito da União Europeia e das Comunidades Europeias, Vol. I, Tomo 1, Instituições e Órgãos Procedimentos de Decisão*, Lisboa, Lex, 2001, pp. 165-166.

[183] Sobre o princípio da subsidiariedade *cfr.* MARIA LUÍSA DUARTE, "A aplicação jurisdicional do princípio da subsidiariedade no direito comunitário, pressupostos e limites", *in Separata de Estudos jurídicos e económicos em homenagem ao professor João Lumbrales*, Coimbra Editora, 2000, pp. 779-813.

[184] Princípio da proporcionalidade que, conjuntamente com o da subsidiariedade, se encontra plasmado no artigo 5.º do TCE, de que se

A ordem jurídica comunitária assenta, de igual modo, no princípio da segurança jurídica que postula a clareza e transparência na determinação de direitos e deveres e concomitante protecção dos particulares. Rege-se por princípios económicos fundamentais, de economia de mercado, livre concorrência e solidariedade, que impregnam a teleologia imanente às regras de Direito Comunitário.

1.2.2. *Aplicação pelos tribunais nacionais – o incumprimento de Estado e o reenvio prejudicial*

Compete aos órgãos jurisdicionais nacionais aplicar o direito de fonte comunitária nos litígios que lhes são submetidos à consideração. Se uma norma interna é contrária a uma regra comunitária ou a um princípio geral de Direito Comunitário, deve ser desaplicada pelo juiz nacional e revogada pelo legislador interno, sob pena de incumprimento de Estado passível de ser declarado ao abrigo dos artigos 226.º e seguintes do TCE.

Com o intuito de favorecer a uniformidade na aplicação do Direito Comunitário por parte dos tribunais dos diversos Estados membros foi estabelecido um mecanismo de cooperação entre os órgãos jurisdicionais nacionais e o TJ, através do qual, sempre que se suscite uma questão de interpretação do Direito Comunitário, esta deve ser submetida ao TJ e a instância nacional suspensa, nos termos do artigo 234.º do TCE. É o denominado reenvio prejudicial.

---

transcreve o seguinte excerto: *"(...) Nos domínios que não sejam das suas atribuições exclusivas, a Comunidade intervém apenas, de acordo com o princípio da subsidiariedade, se e na medida em que os objectivos da acção encarada não possam ser suficientemente realizados pelos Estados-Membros, e possam pois, devido à dimensão ou aos efeitos da acção prevista, ser melhor alcançados ao nível comunitário. A acção da Comunidade não deve exceder o necessário para atingir os objectivos do presente Tratado."*.

A função principal do reenvio prejudicial consiste na uniformização da interpretação, e consequente aplicação, do direito de fonte comunitária. O reenvio é obrigatório para o juiz nacional de última instância, salvo se a norma a interpretar resultar clara, venha na sequência de outra questão idêntica já suscitada e resolvida pela via prejudicial, ou seja irrelevante para a questão decidenda.

Não se trata de uma questão prejudicial no sentido técnico-jurídico mas de uma prejudicialidade em sentido lógico, decorrente do binómio colaborativo, em que o juiz nacional é o aplicador do direito europeu. Diverge, pois, dos sistemas federais em que a tutela jurisidicional se estende por círculos concêntricos permanecendo no juiz federal a aplicação do direito fundamental comum[185] [186] [187].

---

[185] *Vide* MASSIMO SCUFFI, "I rapporti tra la giurisdizione tributaria e l'ordinamento comunitario: i poteri del giudice tributario nell'interpretazione ed applicazione del diritto comunitario" *in Il Fisco*, Roma, n.42, fasc. n. 1, 2005, pp. 6529-6541.

[186] Pode aqui levantar-se a questão de os tribunais nacionais, não procedendo ao reenvio prejudicial, interpretarem ou aplicarem incorrectamente o Direito Comunitário nas decisões por si proferidas. Na realidade, se o tribunal de última instância não proceder ao reenvio (em princípio obrigatório se não houver possibilidade de recurso ordinário) e não aplicar o Direito Comunitário vigente, não existe nenhuma forma de reverter a decisão, que fica a coberto da força emergente do caso julgado, entendido como incontestabilidade do bem reconhecido ou negado pela *pronuntiatio judicis*. Porém, uma errada aplicação do Direito Comunitário pelos tribunais nacionais pode dar origem a uma acção por incumprimento e a uma eventual responsabilização do Estado membro em causa, com eventual ressarcimento do(s) lesado(s). No entanto, a eficácia destas soluções é limitada, desde logo, porque a acção por incumprimento não está ao alcance dos particulares, que para ela não têm legitimidade. Dependerá, em princípio, de uma decisão da Comissão Europeia que, nesta matéria, detém poderes

2. Mecanismos anti elisivos no sistema comum do IVA

2.1. *Considerandos preliminares – a harmonização do IVA e a elisão fiscal*

A necessidade de integração positiva da fiscalidade indirecta numa escala comunitária presidiu à criação de um sistema comum

---

discricionários. Por outro lado, uma acção paralela de responsabilidade pressupõe sempre o reconhecimento de uma violação de uma norma comunitária de efeito directo, por parte do Estado membro, o que, na ausência de uma acção por incumprimento de Estado, se afigura inexequível.

[187] Um exemplo recente de decisão desconforme com o Direito Comunitário, em matéria de IVA, pode encontrar-se no Acórdão do STA, de 6 de Outubro de 2004, proferido no processo 116/04-30, segundo o qual, e passamos a citar:

"*No método pro rata, consagrado no artigo 23.º, n.º 4 do CIVA, incluem-se no denominador respectivo, as operações não só isentas mas também "fora do campo (de incidência) do imposto (...)*".

Este Acórdão vem ao arrepio de jurisprudência constante do TJ que tem interpretado a Sexta Directiva do IVA no sentido oposto, *i. é*, de que as operações fora do âmbito do imposto devem ser excluídas do denominador do *prorata* de dedução, designadamente nos processos *infra* referidos:

    (a) Comissão contra Reino de Espanha, C-204/03, de 6 de Outubro de 2005
    (b) Kretztechnik AG contra Finanzamt Linz, C-465/03, de 26 de Maio de 2005;
    (c) EDM SGPS SA contra Fazenda Pública, C-77/01, de 29 de Abril de 2004;
    (d) Cibo Participations SA contra Directeur régional des impôts du Nord-Pas-de-Calais, C-16/00, de 27 de Setembro de 2001;
    (e) Floridienne SA e Berginvest SA contra Estado Belga, C-142/99, de 14 de Novembro de 2000;
    (f) Sofitam SA contra Ministre du Budget, C-333/91, de 22 de Junho de 1993.

de IVA[188], como meio de consecução dos objectivos principais do Tratado constitutivo da Comunidade Europeia[189].

Este sistema comum veio recortar um imposto indirecto, plurifásico, calculado sobre o volume de vendas, mas, efectivamente, incidente sobre o consumo, em virtude do mecanismo de crédito de imposto, designado por método indirecto subtractivo, eliminar, através de deduções sucessivas, o encargo do imposto até ao consumidor final, que acaba por o suportar integralmente no preço dos bens e serviços adquiridos[190].

O funcionamento do crédito de imposto, suprime o efeito cumulativo *em cascata*, apontado como uma das principais desvantagens dos impostos plurifásicos.

Assim, no IVA, para que não seja suportado o imposto, a entidade adquirente dos bens e serviços tributados tem de revestir a natureza de sujeito passivo, desenvolvendo actividades econó-

---

[188] Sobre a natureza do IVA leia-se MARIKEN E. VAN HILTEN, "The Legal Character of VAT", *in Selected Issues in European Tax Law*, Kluwer Law International, 1999, pp. 3-8.

[189] Com as inerentes restrições na soberania tributária dos Estados membros em benefício do ente supranacional. *Vide* CARLA AMADO GOMES, "Evolução do Conceito de Soberania Tendências Recentes" *in Ciência e Técnica Fiscal* n.º 399, Centro de Estudos Fiscais, Lisboa, Jul-Set 2000, pp. 135-171.

[190] Esta é a regra geral que sofre, porém, algumas excepções correspondentes às chamadas isenções incompletas, ou isenções sem direito à dedução, previstas no artigo 9.º do Código do IVA e no artigo 13.º da Sexta Directiva. Os sujeitos passivos de IVA que desenvolvem actividades/operações isentas ficam, nessa medida, equiparados a consumidores finais, para efeitos de IVA. Aqui pode ressurgir o efeito cumulativo, traduzido em imposto 'oculto', sempre que estes sujeitos passivos não estejam perante o consumidor final. Ao não lhes ser permitida a dedução do IVA incorrido a montante, nas suas aquisições, este imposto representa um custo a incorporar no preço dos bens transmitidos ou serviços prestados, com inerente perda de neutralidade, numa fase intermédia do circuito 'produtivo'.

micas que lhe confiram o direito à dedução do mesmo. Obrigando-a, em simultâneo, à liquidação e repercussão do imposto ao elo seguinte da cadeia[191] [192].

2.1.1. Síntese introdutória

Conforme salienta JOSÉ GUILHERME XAVIER DE BASTO[193] a harmonização fiscal não é um fim em si mesmo, mas apenas um meio de atingir os objectivos fundamentais do Tratado, em particular o da edificação de um mercado interno na Comunidade Europeia[194]. Para esse fim é vital que os elementos essenciais do imposto e a sua aplicação sejam progressivamente harmonizados, tudo se passando como se se tratasse de um regime tributário disciplinado e aplicado num só Estado. Esta preocupação, presente quando da entrada em vigor do sistema comum, nos anos 70, tem-se mantido inalterada, constando da Comunicação da Comissão, de 20 de Outubro de 2003[195], sob a epígrafe

---

[191] A repercussão encontra-se prevista no artigo 36.º do Código do IVA.

[192] Ao contrário da generalidade dos impostos, em que a qualidade de sujeito passivo implica a desvantagem da tributação, no IVA tal qualidade é essencial para que o imposto seja integralmente recuperado.

[193] "A Tributação do Consumo e a sua Coordenação Internacional" in *Cadernos de Ciência e Técnica Fiscal* (164), Centro de Estudos Fiscais, Lisboa, 1991, p. 106.

[194] Os impostos desempenham um papel muito limitado como instrumento de políticas comunitárias. A Comunidade não tem verdadeiramente uma política fiscal, apenas conforma, na medida do necessário para o funcionamento do mercado comum, os impostos nacionais no sentido de eliminar a possibilidade de legislações discriminatórias, restritivas e proteccionistas – BEN TERRA, PETER WATTEL, *European Tax Law*, Third Edition, Kluwer, 2001, pp. 3-4.

[195] COM (2003) 614 final, de 20 de Outubro, na sequência do programa estratégico que havia sido delineado em 2000. *Vide* COM (2000) 348 final,

"*Balanço e actualização das prioridades da estratégia em termos de IVA*", que refere como trave mestra prioritária dos progressos futuros uma aplicação mais uniforme do sistema comum do IVA.

A elevação da disciplina do IVA à esfera comunitária só é justificável pela necessidade de estabelecer um regime de tributação de elevado grau de harmonização ou tendencialmente uniformizado, em todos os Estados membros, que abranja a integralidade de manifestações de capacidade contributiva na óptica deste imposto, ou seja, da despesa. Enfim, um '*broad based tax*'[196].

Neste âmbito, a Sexta Directiva do IVA alcançou avanços notáveis.

Desde logo, no que se refere aos elementos fundamentais de incidência – sujeição pessoal, objectiva e territorial[197] – gizou um regime praticamente uniforme, com excepção das taxas do imposto[198]. Os Estados membros não dispõem naquelas matérias de uma verdadeira margem legisferante de actuação. Na prática, estão limitados a transpor para as suas legislações internas, '*copiando-as*', as regras constantes do texto comunitário. Poucas, e de reduzido significado ou alcance, são as possibilidades de inovar ou diferenciar concedidas ao legislador nacional[199] [200]. Idên-

---

de 7 de Junho. Os documentos encontram-se disponíveis no site oficial http://eur-lex.europa.eu.

[196] Ressalvadas as manifestações excluídas, que constam de uma lista taxativa de isenções.

[197] Artigos 2.º a 9.º da Sexta Directiva.

[198] Relativamente às taxas do imposto, foi determinado um espaço de livre decisão dos Estados, que, para a taxa normal, se situa entre os 15 e os 25 pontos percentuais.

[199] Algumas opções são dadas em alternativa e, portanto, a própria liberdade de actuação circunscrita: ou o Estado membro opta pela solução A, ou pela solução B, não lhe sendo dado equacionar outras. É o que se extrai do artigo 5.º, n.º 8 da Sexta Directiva, relativamente à tributação dos "*trespasses*". Ou são considerados fora do âmbito de sujeição ou tributados

tica conclusão se retira no tocante à definição da matéria colectável, ponto de importância nuclear em qualquer imposto[201].

Já no âmbito do mecanismo do crédito de imposto ou dedução, ainda enquadrável em sede de incidência, permitem-se limitadas dissonâncias nacionais, quer porque os Estados membros se reservaram esse direito, quando da entrada em vigor da Directiva, quer por razões de operacionalidade do imposto ou de evitação da fraude fiscal[202].

---

integralmente. Não se concede, por exemplo, a possibilidade de os Estados membros isentarem a operação ou de adoptarem uma terceira via. Outro exemplo de prerrogativa de opção encontra-se no artigo 4.º, n.º 2 que prevê que os Estados membros considerem sujeitos passivos qualquer pessoa que realize operações a título ocasional, tendo Portugal feito uso da mesma no artigo 2.º do Código do IVA.

[200] Será que aqui se trata de um verdadeiro legislador?

[201] Nos moldes constantes do artigo 11.º da Sexta Directiva.

[202] Com a globalização também o fenómeno da fraude fiscal se internacionalizou em larga medida. Em sede de IVA, o exemplo paradigmático mais recente é corporizado pela denominada fraude carrossel, normalmente envolvendo diversos Estados membros e caracterizada pela intermediação de um operador que desaparece ou que utiliza um número de IVA fictício. Veja-se COLIN WOODWARD, "The non-Economic Argument – Attempts to Tackle Carousel Fraud in The United Kingdom", *in International VAT Monitor*, IBFD, July/August 2005, pp.233-234. As autoridades fiscais do Reino Unido – H. M. Customs & Excise –, no âmbito da fraude carrossel, adoptaram o entendimento de que a cadeia circular de transacções não tem subjacente qualquer função ou base económica, colocando, assim, estas operações fora do campo do IVA, e, neste pressuposto, rejeitaram o crédito de IVA reclamado pelos 'exportadores'. O TJ não só não acolheu esta posição, como decidiu que assiste os intervenientes na cadeia de transacções que estejam de boa-fé, ou seja, que não tenham nem pudessem ter conhecimento da natureza fraudulenta das transacções, o direito à dedução do IVA incorrido nessas operações. *Cfr.* os processos Optigen, Ltd C-354/03 e apensos e Axel Kittel C-439/04 e apensos.

No entanto, em geral, este afastamento dos Estados membros necessitará, ainda assim, de uma intermediação comunitária, consistente num procedimento autorizativo específico, adiante analisado, e que pressupõe uma deliberação do Conselho por unanimidade. Desta forma, não só se verifica uma fiscalização preventiva do tipo de medidas excepcionais a introduzir pelo Estado membro, pesando-se os prós e contras da sua implementação, como ainda se evita a proliferação de inúmeros regimes divergentes que transformem a regra – o regime comum – em excepção. Nestes termos, mesmo aqui surge acautelada a harmonização, embora com as mencionadas válvulas de escape.

Noutras áreas, não directamente respeitantes à prestação tributária, como ocorre com as obrigações acessórias[203] – de registo, declarativas e de organização contabilística –, o padrão de harmonização é aligeirado e segue o critério *de minimis*, através do estabelecimento de requisitos mínimos, podendo os Estados--membros, sem dependência de procedimento comunitário prévio, determinar uma disciplina própria, nomeadamente adicionando outras condições ou requisitos.

No pólo oposto ao da uniformização, existem, por fim, matérias que são da competência exclusiva dos Estados membros, incumbindo-lhes desenhar o respectivo regime legal. É o que ocorre com as normas sancionatórias e de processo, gracioso e contencioso, que abrangem os meios de impugnação ao dispor dos sujeitos passivos do imposto.

Porém, mesmo nas duas últimas categorias assinaladas, de harmonização flexibilizada ou até de competência exclusiva dos Estados membros, a Jurisprudência do TJ tem determinado que as normas nacionais não devem constituir, directa ou indirectamente, factores de ineficácia do sistema comum do

---

[203] *Vg.* Títulos XII e XIII da Sexta Directiva.

IVA, pelo que não podem tornar excessivamente difícil ou oneroso o exercício de direitos consagrados na Directiva, como é o caso do direito à dedução[204]. Acrescenta, também, que os Estados membros têm de respeitar o princípio da equivalência, sendo incompatíveis com o Direito Comunitário e, por conseguinte, ineficazes[205] as normas nacionais que potenciem discriminações do Direito Comunitário, ou que violem o princípio da proporcionalidade.

Na linha da tendencial uniformização do IVA, o TJ tem, ademais, considerado que os termos usados na Sexta Directiva constituem noções autónomas de Direito Comunitário, por exemplo, no caso da locação ou da cobrança de dívidas, recusando significâncias nacionais.

Em suma, a Sexta Directiva apresenta carácter cogente e imperativo para os Estados membros destinatários, relativamente às normas de incidência e determinação da matéria colectável. Não é, de facto, concedida competência aos Estados membros quanto à *"forma e meios"* nestes domínios, ressalvados alguns casos pontuais, especificados na própria Sexta Directiva[206].

Somente nesses casos pontuais, ou no âmbito das obrigações declarativas, da organização administrativa, do regime sancionatório e das garantias contenciosas é que os Estados membros têm margem de livre conformação dos direitos nacionais. E, ainda

---

[204] Trata-se do denominado princípio da eficácia.

[205] Utiliza-se o termo ineficácia, dado que é controvertido que a incompatibilidade das normas nacionais em face da ordem jurídica comunitária gere vício invalidante. Não pretendemos entrar aqui nessa polémica.

[206] Em rigor, formalmente, o regime comunitário de IVA poderia revestir a roupagem do Regulamento, obrigatório em quase todos os seus elementos. E os Regulamentos podem, e na prática fazem-no, prever situações em que são deixados espaços livres de actuação para os Estados membros ou dar-lhes prerrogativas de opção, como ocorre na Sexta Directiva.

assim, com diversos controlos e limitações, designadamente decorrentes da aplicação dos princípios da eficácia e equivalência do Direito Comunitário e da proporcionalidade.

Assim, reiteramos, as normas de incidência e de determinação da matéria colectável são, por via de regra imperativas, o que veda aos Estados membros, pelo menos nos aspectos fundamentais, a adopção de preceitos que representem desvios, modificações ou contradições. Não há lugar a idiossincrasias nacionais.

Aqui chegados, surge uma interrogação inevitável. Em que medida é que podem ser introduzidas normas anti-abuso nacionais, especiais ou genéricas, que alterem, e/ou colidam com, as normas comunitárias cogentes? Sem perder de vista que o assinalado carácter imperativo dos elementos nucleares à criação e caracterização do IVA se encontra adstrito a um valor maior, que é o da harmonização, com vista a um fim último: o do estabelecimento de um mercado interno em que as normas de fiscalidade indirecta sejam aplicadas como se de um único Estado se tratasse[207].

Uma outra questão, correlata com a que antecede, prende-se com a necessidade ou conveniência de tais medidas nacionais anti-abuso. Não conterá o próprio Direito Comunitário remédios suficientes para combater a elisão fiscal no IVA?

Vejamos, mais atentamente, a interpretação e desenvolvimento do Direito que tem sido levada a efeito pelo TJ, bem como a disciplina plasmada na Sexta Directiva do IVA, no sentido de determinar se está assegurado o confronto das manobras evasivas por parte do Direito Comunitário.

---

[207] Um mercado único envolve a eliminação de todos os obstáculos ao comércio intracomunitário em ordem a fundir os mercados nacionais num só mercado com condições tão aproximadas quanto possível de um genuíno mercado interno – Processo C-15/81, Gaston Schul.

2.1.2. A plurilocalização das operações

A globalização e a expansão da sociedade digital afectando, em especial, os serviços, constituíram uma alavanca de intensificação dos movimentos transfronteiriços, que perderam o seu carácter ocasional.

O sistema harmonizado do IVA abrange, quer o regime jurídico-tributário aplicável às operações puramente internas, cujos elementos de conexão relevantes, objectivos e subjectivos, se circunscrevem às fronteiras nacionais de um Estado membro, quer todas as operações que sejam plurilocalizadas de bens e serviços[208].

A internacionalização acarreta complexidade agravada. A natureza transfronteiriça das transacções coloca problemas específicos, de qualificação e de manipulação artificiosa dos critérios de conexão[209], que acrescem às demais questões suscitadas no fenómeno elisivo relativo às operações internas.

---

[208] No tocante aos serviços, as normas de localização das operações constam do artigo 6.º do Código do IVA e 9.º da Sexta Directiva. Relativamente aos bens, para além das operações de importação e exportação efectuadas com países ou territórios terceiros (cuja definição e regras de localização constam dos artigos 5.º e 6.º do Código do IVA e 7.º e 8.º da Sexta Directiva), foi introduzido, com referência a 1 de Janeiro de 1993, um regime transitório de tributação das transacções intracomunitárias, pelas Directivas 91/680/CEE, do Conselho, de 16 de Dezembro, e 91/111/CE, do Conselho, de 14 de Dezembro. Note-se que a exportação não configura uma operação tributável autónoma. A exportação é, para efeitos de IVA, uma transmissão de bens, com a particularidade de ser isenta nos termos dos artigos 14.º do Código deste imposto e 15.º da Sexta Directiva. Já a importação consubstancia uma operação tributável autónoma.

[209] A facilidade de obtenção de um registo, para efeitos de IVA, nos Estados membros, assim, se obtendo a caracterização formal de sujeito passivo, com possibilidade de recuperação do imposto por intermédio do mecanismo de dedução, foi um dos factores permissivos da chamada 'fraude

É possível distinguir dois patamares de internacionalização. Um primeiro, em que as operações não ultrapassam as fronteiras da Comunidade. Um outro, em que, para além de países comunitários, são envolvidos países terceiros.

A nível intracomunitário, o processo de harmonização dos impostos indirectos resolveu algumas questões, através da imposição de critérios de conexão uniformes e de normas de localização idênticas para todos os Estados membros.

O Direito Comunitário confere um enquadramento comum que, através da interpretação do TJ, permitirá, em algumas situações, ultrapassar as dificuldades usualmente suscitadas pelo confronto de múltiplas e concorrentes soberanias fiscais.

Designadamente, através do afastamento de qualificações imbuídas de especificidades nacionais ou regionais que não se compaginem com os objectivos da Sexta Directiva[210][211], ou da im-

---

carrossel'. *Vide*, a propósito, COLIN WOODWARD (*"The non-Economic ..."* cit., pp. 233-234).

[210] No contexto da qualificação das operações, *vide* o Acórdão do TJ de 3 de Março de 2005, Arthur Andersen & Co.C-472/03, que conclui que as actividades de '*back office*' prestadas a uma empresa seguradora não constituem prestações de serviços relacionadas com operações de seguro. Com incidência específica na localização das operações, *vide* Acórdão de 7 de Outubro de 2005, Levob Verzekeringen, C-41/04, de que transcrevemos as relevantes conclusões:

"3) O artigo 6.º, n.º 1, da Sexta Directiva 77/388 deve ser interpretado no sentido que uma prestação única como a indicada no n.º 2 do presente dispositivo deve ser qualificada de «prestação de serviços» quando se verificar que a adaptação em causa não é menor nem acessória mas, pelo contrário, tem carácter principal; é o que se passa, designadamente, quando, perante elementos como a sua dimensão, o seu custo ou a sua duração, essa adaptação tem uma importância decisiva para permitir a utilização de um programa adaptado às necessidades do adquirente.

4) O artigo 9.º, n. 2, alínea e), terceiro travessão, da Sexta Directiva 77/388 deve ser interpretado no sentido que se aplica a uma prestação de

posição de princípios de Direito Comunitário que obstem a interpretações abusivas das normas comunitárias.

No entanto, mesmo neste espaço harmonizado, a frequente qualificação das operações à luz dos sistemas jurídicos internos[212], interpretações divergentes das situações concretas nos diversos Estados membros, ainda que as respectivas legislações se revelem aparentemente consonantes e conformes à Sexta Directiva, entre outros factores, traduzem incongruências indesejáveis, que terminam em situações de dupla tributação ou de não tributação das operações. Cenário propício ao labor elisivo...

Apesar dos mecanismos de cooperação administrativa e assistência mútua existentes, com destaque para os recém adoptados regulamentos comunitários[213], não existem procedimentos similares aos previstos nas Convenções bilaterais para evitar a Dupla Tributação de acordo com a Convenção Modelo da OCDE, que permitam resolver casos concretos de dupla tributação[214]. Procedimentos que seriam, em sede de IVA, de equacionar.

---

serviços única como a em causa no n. 3 do presente dispositivo, efectuada a favor de um sujeito passivo estabelecido na Comunidade mas fora do país do prestador do serviço.".

[211] Vejam-se, ainda, relativamente à qualificação das operações e respectiva localização os Acórdãos do TJ de 15 de Setembro de 2005, Antje Köhler, C-59/04; de 27 de Maio de 2004, D. Lipjes, C-68/03, e de 5 de Junho de 2003, Design Concept SA, C-438/01.

[212] Não obstante o 'combate' que o TJ vem desenvolvendo, em particular através da consagração interpretativa de 'noções autónomas de Direito Comunitário', como forma de alcançar a aplicação uniforme do sistema comum do IVA.

[213] Regulamento (CE) 792/2002, de 7 de Maio; Regulamento (CE) 1798/2003, do Conselho, de 7 de Outubro e Regulamento (CE) n.º 1925//2004, da Comissão, de 29 de Outubro.

[214] Ainda no domínio da fiscalidade directa, no que respeita ao problema específico dos preços de transferência, importa referir a Convenção de Arbitragem n.º 436/CEE, de 23 de Julho de 1990, que prevê um procedimento

Já relativamente ao segundo patamar, de plurilocalização mundial das operações contrapõem-se, adicionalmente, sistemas fiscais extra-comunitários, que podem ter, ou não, regimes de tributação indirecta semelhantes ao IVA.

Combater as estratégias de elisão fiscal neste último segmento passa unicamente, no estádio actual, por medidas unilaterais dos Estados, ou da Comunidade Europeia no domínio das suas competências exclusivas[215].

A título meramente ilustrativo poderá referir-se a erosão das bases tributáveis dos Estados membros causada pela prestação de serviços de telecomunicações ou pela prestação de serviços por via electrónica, a partir de países terceiros a pessoas estabelecidas na Comunidade, que forçaram a adopção de medidas unilaterais por parte da Comunidade, através da aprovação de Directivas Comunitárias, que introduziram novas regras de localização desses serviços, centradas no país de consumo[216].

2.2. *A estrutura das normas de incidência do IVA*

A previsão das normas de incidência assume no IVA o grau máximo de abrangência, mediante o recurso a tipos amplíssimos cuja transposição para a legislação interna dos Estados membros tem de respeitar as suas principais características, a

---

de arbitragem obrigatório, vinculativo para os Estados membros signatários, a fim de suprimir a dupla tributação, caso o procedimento amigável não permita eliminá-la após um período de dois anos.

[215] Medidas que, pelo carácter unilateral, vêem, em princípio, a sua eficácia diminuída.

[216] Directiva (CE) n.º 1999/59/CE, do Conselho, de 17 de Junho de 1999 e Directiva (CE) 2002/38/CE, do Conselho, de 7 de Maio de 2002.

saber: a vocação omnicompreensiva e o conteúdo marcadamente económico[217] [218].

Trata-se de um ponto que foi oportunamente abordado na parte II, ponto 2.1.1 *supra*, para o qual se remete.

Resta acrescentar que a estrutura das normas de IVA, aliada à interpretação teleológica e funcional do TJ, ao entendimento de que os termos utilizados na Sexta Directiva constituem, em princípio, noções próprias do Direito Comunitário e que devem

---

[217] Os sujeitos passivos do imposto são caracterizados pelo exercício de actividades económicas. A jurisprudência do TJ sobre este tema é vastíssima e pode ser consultada em PATRÍCIA NOIRET CUNHA (*"Anotações ao Código ..."* cit., pp. 80-104). Mais recentemente vejam-se os Acórdãos de 3 de Março de 2005, I/S Fini H, C-32/03; de 29 de Abril de 2004, EDM, C-77/01, e de 21 de Outubro de 2004, Banque Bruxelles Lambert SA, C-8/03.

[218] As duas categorias de operações tributáveis por excelência – transmissão de bens e prestação de serviços – não correspondem aos conceitos civilísticos equivalentes (constantes dos artigos 1305.º e 1154.º do Código Civil), mas sim, no primeiro caso, à transferência do poder de dispor de um bem corpóreo, como proprietário (a incorrectamente denominada '*propriedade económica*'), e, no segundo caso, residualmente, a qualquer prestação que não constitua uma transmissão de bens. Como o Tribunal de Justiça indicou nos n.ºs 7 e 8 do Acórdão de 8 de Fevereiro de 1990, Shipping and Forwarding Enterprise Safe, C-320/88, a noção de entrega de um bem não se refere à transferência da propriedade nas formas previstas no direito interno aplicável, mas inclui qualquer operação de transferência de um bem corpóreo por uma parte que confira a outra parte o poder de dispor dele, de facto, como se fosse o seu proprietário. O objectivo da Sexta Directiva poderia ficar comprometido se a verificação de uma entrega de bens, que é uma das quatro operações tributáveis, ficasse sujeita à ocorrência de condições jurídicas que variam de um Estado-Membro para outro, como é o caso das relativas à transferência da propriedade nos termos do direito civil (*cfr.* ponto 32 do Acórdão do TJ de 6 de Fevereiro de 2003, Auto Lease Holland BV, C-185/01 e ponto 62 do Acórdão de 15 de Dezembro de 2005, Centralan Property Ltd, C-63/04).

ser uniformemente interpretados no espaço comunitário, representam limitações significativas ao campo de actuação elisivo num grau longe de ser alcançado nos demais impostos do sistema tributário português.

2.3. Os princípios do sistema comum do IVA

O sistema comum do IVA é regido por um acervo de princípios específicos que resultam, quer do preceituado nos diplomas comunitários, quer do desenvolvimento do Direito Comunitário que o TJ tem realizado.

A. Neutralidade

A neutralidade do sistema do IVA constitui um vector fundamental de construção do mercado comum, permitindo a concretização deste com características análogas à de um mercado interno. Uma referência expressa a este princípio consta dos considerandos da Sexta Directiva.

Confere este princípio uma evidente proeminência ao plano económico que tem sido devidamente assinalada pela jurisprudência principiológica do TJ ao realçar, precisamente, a preponderância económica em detrimento da configuração jurídica, obstando, deste modo, a manobras elisivas estribadas em argumentos formais e artificiosos[219].

A propósito da delimitação da noção de actividades económicas, na acepção do artigo 4.º, n.º 2 da Sexta Directiva, a jurisprudência do TJ tem consistentemente afirmado que o conceito

---

[219] Cfr. a interessante análise de Fraus Vanistendael, "Neutrality and the Limits of VAT", in *Selected Issues in European Tax Law*, Kluwer Law International, 1999, pp. 13-16.

de "exploração" se refere, *"em conformidade com as exigências do princípio da neutralidade do sistema comum do IVA, a todas estas operações, seja qual for a sua forma jurídica (v. acórdãos de 4 de Dezembro de 1990, Van Tiem, C186/89, Colect., p. I4363, n.° 18; de 11 de Julho de 1996, Régie dauphinoise, C306/94, Colect., p. I3695, n.° 15, e de 29 de Abril de 2004, EDM, C77/01, ainda não publicado na Colectânea, n.° 48)."*[220].

O TJ tem ainda afirmado que o princípio da neutralidade se opõe, nomeadamente, a que mercadorias ou prestações de serviços semelhantes, que estão, portanto, em concorrência entre si, sejam tratadas de maneira diferente do ponto de vista do IVA[221] [222]. Além disso, opõe-se a uma diferenciação generaliza-

---

[220] Acórdão do TJ, de 21 de Outubro de 2004, Banque Bruxelles Lambert SA, C-8/03. *Vide* também o processo Tolsma, C-16/93.

[221] O que determina que produtos similares devam estar sujeitos a uma taxa uniforme, conforme Acórdãos do TJ, de 3 de Maio de 2001, Comissão/França, C-481/98; de 11 de Outubro de 2001, Christiane Adam, C-267/99; de 10 de Setembro de 2002, Ambulanter P. Kügler, C-141/00; de 23 de Outubro de 2003, Comissão/Alemanha, C-109/02 e de 26 de Maio de 2005, Kingscrest Associates, C-498/03.

[222] Segundo o Acórdão do TJ, de 3 de Abril de 2003, Processo-crime contra Matthias Hoffmann, C-144/00, *"o princípio da neutralidade fiscal opõe-se a que artistas a título individual, uma vez reconhecido o carácter cultural das respectivas prestações, não possam ser considerados, do mesmo modo que os grupos culturais, organismos equiparados aos organismos de direito público que efectuam determinadas prestações de serviços culturais visadas no artigo 13.°, A, n.° 1, alínea n), da Sexta Directiva.".* Também no Acórdão de 3 de Julho de 1997, Goldsmiths (Jewellers) Ltd contra Commissioners of Customs & Excise, C-330/95, se recorre ao parâmetro da neutralidade, em particular nos pontos 24 e 25 de que se transcreve o seguinte excerto: *"a exclusão do reembolso do IVA no caso de transacções em que a contrapartida deva ser paga em espécie, não o tendo sido na totalidade ou em parte, conduz a discriminar tal categoria de transacções relativamente àquelas cuja contrapartida é monetária. 25. Com efeito, uma diferenciação como a praticada pela legislação controvertida dissuade os operadores económicos de celebrarem contratos de troca, sem que estes se revistam, do ponto de vista económico*

da entre as transacções lícitas e as transacções ilícitas[223]. Trata-se, na verdade, de uma manifestação do princípio da igualdade, que impõe um regime semelhante para idênticas manifestações de 'resultado económico'.

B. Proporcionalidade

O princípio da proporcionalidade na sua tríplice vertente de necessidade, adequação e proporcionalidade em sentido estrito, esta última pressupondo a ponderação equilibrada dos benefícios derivados da medida e do sacrifício que implica, é uma referência constante na jurisprudência do TJ, que o erigiu em princípio geral do Direito Comunitário.

Enfatiza o Acórdão de 19 de Setembro de 2000, nos processos apensos Ampafrance SA, C-177/99 e Sanofi Synthelabo, C-181/99:

"42. A título liminar, é conveniente recordar que, tendo o princípio da proporcionalidade sido reconhecido por uma jurisprudência constante do Tribunal de Justiça como fazendo parte dos princípios gerais do direito comunitário (v., nomeadamente, acórdão de 11 de Julho de 1989, Schräder, 265/87, Colect., p. 2237, n.º 21), o controlo da validade dos actos das instituições comunitárias pode ser efectuado à luz desse princípio geral do direito (acórdão de 15 de Abril de 1997, Bakers of Nailsea, C-27/95, Colect., p. I-1847, n.º 17).
43. Para o fazer, é conveniente examinar se as disposições que a Decisão 89/487 contém são necessárias e adequadas à realização do objectivo específico que prosseguem e se afectam o menos possível os objectivos e os princípios da Sexta Directiva.".

---

e comercial, de qualquer diferença relativamente às transacções em que a contrapartida é monetária, limitando assim a liberdade de os operadores escolherem o contrato que considerem mais adequado à satisfação dos seus interesses económicos.".

[223] Acórdão do TJ, de 29 de Junho de 2000, Tullihallitus c. Salumets, C-455/98.

Refere também, o TJ, nos pontos 46 a 49 do Acórdão de 18 de Dezembro de 1997, Garage Molenheide BVBA, C-286/94, que: *"Os Estados-Membros devem recorrer a meios que, ao mesmo tempo que permitem alcançar eficazmente o objectivo prosseguido pelo direito interno, causem menos prejuízo aos objectivos e aos princípios decorrentes da legislação comunitária em causa."*.

Em face de medidas nacionais implementadas com finalidades anti-elisivas, ou tendentes a facilitar a cobrança do imposto, que consubstanciem uma *lex specialis* à Sexta Directiva do IVA, o TJ não tem prescindido da coordenação ao princípio da proporcionalidade[224].

Nestes termos, a proporcionalidade realiza um apertado controlo sobre as medidas nacionais, legislativas ou de outra índole, designadamente administrativa, de carácter anti-elisivo, por parte dos Estados membros, em matéria de IVA.

C. Confiança legítima e boa-fé

O TJ reconhece os princípios da segurança jurídica e da confiança legítima como princípios gerais de Direito Comunitário[225], cuja principal manifestação se revela na oposição ao efeito retroactivo dos actos comunitários.

---

[224] Acórdãos do TJ, de 29 de Abril de 2004, Finanzamt Sulingen c. Walter Sudholz, C-17/01 e Terra Baubedarf-Handel, C-152/02.

[225] Acórdão de 29 de Abril de 2004, Gemeente Leusden, C-487/01. Aqui, o Governo holandês entendeu que a medida de revogação da possibilidade de opção pela tributação da locação de imóveis era justificada, tendo em conta os abusos detectados. Considerou, ainda, que a confiança legítima dos empresários tinha sido preservada, porque a alteração legislativa foi de facto anunciada e, por isso, não podia constituir uma surpresa, para além de que havia sido consagrado um regime transitório aplicável a inúmeras situações. Só não beneficiariam deste regime transitório os casos em que o montante da renda paga pelo imóvel era reduzido em relação às

A retroactividade tem sido, no entanto, excepcionalmente admitida quando o objectivo a alcançar o exigir, desde que a confiança legítima dos interessados seja respeitada[226] [227].

São diversas as concretizações do TJ. No caso Schlossstraße, C-396/98[228], o Tribunal pronunciou-se no sentido de que um Estado membro não pode, através de uma alteração legislativa ocorrida entre a data do fornecimento de bens ou serviços com vista à realização de determinadas operações económicas e a do início dessas operações, privar, com efeitos retroactivos, um sujeito passivo do direito de renunciar à isenção de IVA para essas operações.

No caso Gemeente Leusden, C-487/01, refere o TJ que uma vez reconhecida a qualidade de sujeito passivo, aquela já não pode ser retirada com efeitos retroactivos, exceptuadas as situações fraudulentas ou abusivas, sem infringir os princípios da protecção da confiança legítima[229] e da segurança jurídica, pois

---

despesas de investimento, ou seja, aqueles que apresentavam características de abuso. O TJ concluiu como o Governo holandês, aduzindo que a nova legislação não tinha efeitos retroactivos e apenas dispunha para o futuro.

[226] Acórdãos de de 25 de Janeiro de 1979, Racke, C-98/78, e Decker, C-99/78, de 21 de Fevereiro de 1991, Zuckerfabrik Süderdithmarschen e Zuckerfabrik Soest, C-143/88 e C-92/89.

[227] Segundo o Acórdão de 11 de Julho de 2002, Marks & Spencer, C-62/00 (pontos 44. a 46): *"deve recordar-se que resulta de jurisprudência constante que o princípio da protecção da confiança legítima faz parte da ordem jurídica comunitária e deve ser respeitado pelos Estados-Membros quando dão execução às regulamentações comunitárias (v., neste sentido, acórdãos de 26 de Abril de 1988, Krücken, 316/86, Colect., p. 2213, n.º 22; de 1 de Abril de 1993, Lageder e o., C-31/91 a C-44/91, Colect., p. I-1761, n.º 33; de 3 de Dezembro de 1998, Belgocodex, C-381/97, Colect., p. I-8153, n.º 26, e de 8 de Junho de 2000, Schlossstrasse, C-396/98, Colect., p. I-4279, n.º 44)"*.

[228] Acórdão de 8 de Junho de 2000.

[229] Note-se que a confiança apenas merece o atributo de legítima quando assenta na boa-fé, mesmo que esta se presuma.

isso privaria o sujeito passivo do direito de deduzir o IVA sobre as despesas de investimento que efectuou (neste sentido, *cfr.* Acórdão de 8 de Junho de 2000, Breitsohl, C-400/98).

Parece resultar do exposto que o princípio da confiança legítima cede perante situações fraudulentas ou de abuso, caso em que não é invocável, nem opera a sua protecção específica. Consequência, em nosso entender, inevitável, em virtude de nas situações de fraude ou abuso não poder ser pressuposta a boa-fé dos contribuintes, sendo a boa-fé, ainda que presumida, o pilar do princípio da confiança.

Em reverso, porém, o princípio da boa-fé, mencionado no Acórdão de 13 de Dezembro de 1989, Genius Holding, C-342//87, não é tido em conta, nem pode ser invocado pelos Estados membros para subordinar ou restringir o exercício de um direito em sede de IVA, se estiver por completo eliminado o risco de diminuição das receitas fiscais[230].

D. Efectividade

Postulado da eficácia, este princípio exige que as legislações nacionais, bem como os procedimentos administrativos adoptados pelos Estados membros não tornem, na prática, impossível ou excessivamente difícil o exercício de direitos conferidos pela ordem jurídica comunitária[231].

---

[230] *Cfr.* Acórdãos do TJ, de 11 de Junho de 1998, Grandes sources d'eaux minérales françaises, C-361/96, e de 19 de Setembro de 2000, Schmeink & Cofreth, C-454/98. Neste afirma-se que *"quando o emitente da factura eliminou completamente, em tempo útil, o risco de perda de receitas fiscais, o princípio da neutralidade do imposto sobre o valor acrescentado exige que o imposto indevidamente facturado possa ser regularizado, sem que esta regularização possa ser subordinada à boa fé do emitente da referida factura."*.

[231] *Cfr.* Acórdãos do TJ, de 14 de Julho de 2005, British American Tobacco, C-435/03 (em particular o ponto 28); de 21 de Abril de 2005,

Salienta o TJ, no Acórdão proferido no processo C-25/03, que *"(...) é jurisprudência assente que a exigência, para o exercício do direito à dedução, de outros elementos na factura para além dos enunciados no artigo 22.º, n.º 3, alínea b), da Sexta Directiva deve ser limitada ao necessário para assegurar a cobrança do imposto sobre o valor acrescentado e a sua fiscalização pela Administração Fiscal*[32]*. Além disso, esses elementos não devem, pelo seu número ou tecnicidade, tornar impossível na prática ou excessivamente difícil o exercício do direito à dedução (acórdão de 14 de Julho de 1988, Jeunehomme e EGI, 123/87 e 330/87, Colect., p. 4517, n.º 17). Outrossim, as medidas que os EstadosMembros têm a possibilidade de tomar, nos termos do n.º 8 do artigo 22.º da mesma directiva, para garantir o exacto recebimento do imposto e evitar a fraude não devem exceder o necessário para atingir aqueles objectivos. Não poderão por isso ser utilizadas de forma que ponham em causa a neutralidade do IVA, que constitui um princípio fundamental do sistema comum do IVA instituído pela legislação comunitária na matéria (acórdãos de 21 de Março de 2000, Gabalfrisa e o., C110/98 a C147/98, Colect., p. I1577, n.º 52, e de 19 de Setembro de 2000, Schmeink & Cofreth e Strobel, C454/98, Colect., p. I6973, n.º 59)."* (sublinhado nosso).

Novamente nos deparamos com um princípio que pode constituir uma barreira ou obstáculo à adopção, por parte dos Estados membros, de medidas, especiais ou gerais, de carácter anti-elisivo. De harmonia com o crivo da efectividade, tais medidas apenas serão consideradas conformes com a ordem jurídica comunitária se não tornarem impossível, ou excessivamente

---

Finanzamt Bergisch Gladbach c. HE, C-25/03; de 1 de Abril de 2004, Gerhard Bockemühl, C-90/02; de 2 de Outubro de 2003, Weber's Wine World Handels, C-147/01, e de 9 de Dezembro de 2003, Comissão/Itália, C-129/00.

difícil, o exercício dos direitos consagrados pela Sexta Directiva, designadamente o fundamental direito à dedução do imposto que assiste aos sujeitos passivos[233].

E. Equivalência

Os Estados membros não devem estabelecer regimes de direito interno, designadamente em matéria contenciosa, mais favoráveis quando se trate de uma infracção à legislação interna. O princípio da equivalência exige que o mesmo procedimento se aplique indistintamente a recursos baseados na violação do Direito Comunitário e àqueles que se fundamentam no incumprimento do direito interno, desde que exista um mínimo de identidade quanto ao tipo de tributos ou isenções.

Neste sentido, o TJ afirma que o princípio da equivalência se opõe a uma regulamentação nacional que preveja vias processuais menos favoráveis para os pedidos de reembolso de um imposto indevidamente cobrado à luz do Direito Comunitário, do que as aplicáveis a recursos análogos baseados em certas disposições do direito interno[234] [235].

---

[232] Aqui, trata-se de uma referência cumulativa ao princípio da proporcionalidade.

[233] Neste âmbito, transcreve-se o seguinte excerto do Acórdão proferido no processo Gerhard Bockemühl C-90/02, já referido em nota anterior:
"51. (...) é certo que uma factura tem uma função documental importante pelo facto de poder conter dados controláveis. Contudo, no caso de autoliquidação, é precisamente com base em dados controláveis que o sujeito passivo, destinatário de um fornecimento ou de serviços, deveria ter sido considerado devedor, e qual o montante de IVA devido. Uma vez que a administração fiscal dispõe dos dados necessários para determinar que o sujeito passivo é, enquanto destinatário da prestação em causa, devedor do IVA, não pode impor, no que se refere ao direito do referido sujeito passivo à dedução do IVA, condições adicionais que podem ter como efeito a impossibilidade absoluta do exercício desse direito." (sublinhado nosso).

F. Autonomia das noções de Direito Comunitário

Coarctando a faculdade de os Estados membros atribuírem um conteúdo próprio aos termos utilizados na Sexta Directiva, tendo em vista diversas finalidades, nelas se incluindo designadamente as anti elisivas, o TJ tem vindo a reiterar que as noções constantes desta Directiva constituem conceitos autónomos de Direito Comunitário. Posição que é expressa de forma insistente a propósito da delimitação das isenções de IVA previstas no artigo 13.º da Directiva[236], mas não só. Com efeito, no contexto da qualificação das operações, com reflexos inelutáveis nas operações transfronteiriças, o TJ tem, de igual modo, assumido que se trata da configuração de conceitos de Direito Comunitário que devem ser interpretados uniformemente[237].

No domínio das isenções são inúmeros os exemplos que se podem citar. Pela sua relevância é de destacar a elaboração juris-

---

[234] No Acórdão de 2 de Outubro de 2003, Weber's Wine World Handels, C-147/01.

[235] Os Estados membros devem, ao mesmo tempo, velar por que as violações do Direito Comunitário sejam punidas em condições substantivas e processuais análogas às aplicáveis às violações do direito nacional de natureza e importância semelhantes e que, de qualquer forma, confiram à sanção um carácter efectivo, proporcionado e dissuasivo – Acórdão de 30 de Setembro de 2003, Inspire Art, C-167/01.

[236] Correspondente ao artigo 9.º do Código do IVA.

[237] A este respeito, veja-se o ilustrativo excerto do Acórdão de 5 de Junho de 2003, Design Concept, C– 438/01, ponto 15, que ora se transcreve: *"há que salientar que o conceito de «prestações de serviços de publicidade» referido no artigo 9.º, n.º 2, alínea e), segundo travessão, da Sexta Directiva é um conceito de direito comunitário que deve ser interpretado uniformemente (v., designadamente, acórdão de 17 de Novembro de 1993, Comissão/Luxemburgo, C-69/92, Colect., p. I-5907, n.º 15) e que compete, se for caso disso, ao órgão jurisdicional de reenvio verificar a qualificação dos serviços em questão à luz da jurisprudência do Tribunal de Justiça."*.

prudencial do conceito de locação de imóveis. Refere-se, em Acórdão de 3 de Março de 2005[238], que:

"27. Segundo jurisprudência assente, as isenções previstas no artigo 13.° da Sexta Directiva constituem conceitos autónomos de direito comunitário, devendo, portanto, ser objecto de uma definição comunitária (v. acórdãos de 12 de Setembro de 2000, Comissão/Irlanda, C358/97, Colect., p. I6301, n.° 51; de 16 de Janeiro de 2003, Maierhofer, C315/00, Colect., p. I563, n.° 25; de 12 de Junho de 2003, Sinclair Collis, C275/01, Colect., p. I5965, n.° 22; e de 18 de Novembro de 2004, Temco Europe, C284/03, ainda não publicado na Colectânea, n.° 16).
28. Na falta de uma definição do conceito de «locação de bens imóveis» constante do artigo 13.°, B, alínea b), da Sexta Directiva, há que interpretar esta disposição à luz do contexto em que se inscreve, das finalidades e da economia desta directiva, tendo especialmente em conta a ratio legis da isenção que prevê (v., neste sentido, acórdão Temco Europe, já referido, n.° 18)".

Importa ter em conta que as operações relativas a imóveis, nas quais se insere a locação, não têm um regime imperativamente definido pela Sexta Directiva. Trata de uma daquelas (poucas) áreas em que aos Estados membros é concedida ampla margem de opção. Podem estes decidir pela tributação ou pela isenção dessas operações. E se escolherem o regime de isenção, é-lhes, ainda, concedida a possibilidade de instituírem um regime facultativo de opção pela tributação, ao dispor dos sujeitos passivos do imposto.

Ora, não sendo sequer um domínio de estrita imperatividade, verifica-se que, mesmo assim, o TJ não prescinde de recorrer

---

[238] Fonden Marselisborg, C-428/02. Veja-se, também, o Acórdão de 12 de Janeiro de 2006, Turn-und Sportunion Waldburg, C-246/04.

à pauta uniformizadora do Direito Comunitário, fechando a porta a quaisquer veleidades interpretativas de índole nacional, ou a conceitos jurídicos pertencentes às ordens jurídicas internas dos Estados membros. O desenvolvimento jurídico-comunitário da noção de locação para efeitos de IVA é, pois, paradigmático. Trata-se de um conceito que à luz do nosso ordenamento se encontra recortado com precisão pelo Direito Privado[239], sem que, apesar disso, e pelas razões expostas possa ser importado para o IVA.

Em conclusão, uma hipotisada 'teoria de reenvio', que opere uma remissão implícita para as ordens jurídicas nacionais e, designadamente, para os seus conceitos civilísticos, deve, sem mais, rejeitar-se[240].

Aliás, em geral, a mencionada 'teoria de reenvio' não deve ser adoptada acriticamente como padrão, uma vez que o significado dos conceitos jurídicos *lato sensu* – aqui abrangendo os tipos – está vinculado a '*sistemas de referência, ou seja, aparece contextualmente dependente*'[241]. E não só os contextos civilístico e fiscal são,

---

[239] *Cfr.* Artigos 1022.º e segs. do Código Civil e Novo Regime do Arrendamento Urbano aprovado pela Lei n.º 6/2006, de 27 de Fevereiro.

[240] Neste sentido, entre outros cita-se o Acórdão do TJ de 21 de Abril de 2005, Finanzamt Bergisch Gladbach c. HE, C-25/03, nos termos do qual (ponto 63): "*é jurisprudência assente que os termos de uma disposição da Sexta Directiva que não contenha qualquer remissão expressa para o direito dos Estados Membros para determinar o seu sentido e o seu alcance devem normalmente encontrar, em toda a Comunidade, uma interpretação autónoma e uniforme, a fim de evitar divergências entre os Estados Membros na aplicação do regime do IVA* (v. acórdão de 27 de Novembro de 2003, Zita Modes, C497/01, ainda não publicado na Colectânea, n.º 34)".

[241] *Cfr.* JOÃO CARLOS SIMÕES GONÇALVES LOUREIRO, O Procedimento Administrativo entre a Eficiência e a Garantia dos Particulares, *in Boletim da Faculdade de Direito da Universidade de Coimbra*, Studia Iuridica 13, Coimbra Editora, 1995, p. 40.

sem sombra de dúvida, diversos, como as finalidades, enquadramento e origem dos tributos podem determinar que no seio do mesmo sistema tributário tais conceitos assumam diferentes contornos[242]. É o que ocorre, designadamente, com os conceitos de imóvel para efeitos de IVA e de imposto sobre o património[243].

Nestes termos, afigura-se clara a conclusão de que o artigo 11.º, n.º 2 da LGT[244] é inaplicável em sede de IVA, por colisão com o regime comunitário harmonizado deste imposto, o qual forçosamente prevalece. Assim, sempre que a legislação do IVA empregue termos 'próprios' de outros ramos de direito, os mesmos não devem ser interpretados no sentido daquele que aí têm, mas sim autónoma e uniformemente segundo o Direito Comunitário.

Em confirmação desta tese, atente-se, pois, na seguinte pronúncia do TJ[245] que, em matéria de IVA, equipara a locação ao usufruto, arredando as noções civilistas:

"44 (...)a Sexta Directiva não define o conceito de «locação» nem remete para a respectiva definição adoptada na matéria pelos ordenamentos jurídicos dos Estados-Membros, como fez, por exemplo, relativamente aos «terrenos para construção» [v. artigo 4.º, n.º 3, alínea b), da Sexta Directiva, nos termos do qual «[p]or terrenos para cons-

---

[242] Neste sentido, LERKE OSTERLOH, "Il Diritto Tributario ed il Diritto Privato", in *Trattato di Diritto Tributario*, I Vol., I Tomo, CEDAM, Padova, 1994, pp. 113-137.

[243] Referimo-nos ao Imposto Municipal sobre as Transmissões Onerosas de Imóveis (IMT), aprovado pelo Decreto-lei n.º 287/2003, de 12 de Novembro.

[244] Este preceito tem a seguinte redacção: *"2 – Sempre que, nas normas fiscais, se empreguem termos próprios de outros ramos de direito, devem os mesmos ser interpretados no mesmo sentido daquele que aí têm, salvo se outro decorrer directamente da lei."*.

[245] Acórdão de 4 de Outubro de 2001, processo Goed Wonen, C-326/99.

trução entendem-se os terrenos, urbanizados ou não, tal como são definidos pelos Estados-Membros»].
45 Como resulta do próprio enunciado do artigo 13.°, B, alínea b), e C, da Sexta Directiva, esta última deixou aos Estados-Membros uma ampla margem de apreciação quanto à isenção ou à tributação das operações em causa (v. acórdão de 3 de Fevereiro de 2000, Amengual Far, C-12/98, Colect., p. I-527, n.° 13). (...)
47 Por último, deve salientar-se que, segundo o décimo primeiro considerando da Sexta Directiva, o objectivo visado pelo Conselho aquando do estabelecimento da lista comum de isenções foi uma cobrança uniforme dos recursos próprios em todos os Estados-Membros. Daqui resulta que, mesmo que o artigo 13.°, B, da referida directiva remeta para as condições de isenção fixadas pelos Estados-Membros, as isenções previstas por esta disposição devem corresponder a noções autónomas de direito comunitário a fim de permitir determinar a matéria colectável do IVA de um modo uniforme e segundo as regras comunitárias (v. acórdãos Comissão/Irlanda, já referido, n.° 51, e de 8 de Março de 2001, Skandia, C-240/99, Colect., p. I-1951, n.° 23).
48 A este respeito, a argumentação da Stichting «Goed Wonen» e da Comissão, segundo a qual a definição comunitária de locação se deve basear nas semelhanças existentes entre as noções jurídicas pertinentes em vigor no direito civil dos Estados-Membros mais fortemente influenciados pelo direito romano, não pode ser acolhida. (...)
54 As considerações precedentes são válidas, mutatis mutandis, para a constituição de um direito real que confira ao seu titular um poder de utilização sobre um bem imóvel, como o direito de usufruto em causa no processo principal.
55 Com efeito, a característica fundamental de uma operação desta natureza, comum à locação, consiste em conferir ao interessado, por um período acordado e em contrapartida de remuneração, o direito de ocupar um imóvel como se fosse o proprietário e de excluir qualquer outra pessoa do benefício desse direito.

56 Por conseguinte, o respeito do princípio da neutralidade do IVA bem como a exigência de aplicação coerente das disposições da Sexta Directiva, nomeadamente, a aplicação correcta, simples e uniforme das isenções previstas (v. acórdão de 11 de Junho de 1998, Fischer, C-283/95, Colect., p. I-3369, n.º 28), levam a que se equipare um direito como o do usufruto, em causa no processo principal, à locação, para efeitos da aplicação do artigo 13.º, B, alínea b), e C, alínea a), da Sexta Directiva. (...)
58 (...) Com efeito, as particularidades em causa, que resultam da pertença destes institutos a categorias jurídicas distintas, são secundárias relativamente ao facto de, no plano económico, um direito como o direito de usufruto, em causa no processo principal, e a locação apresentarem a característica comum essencial mencionada no n.º 55 do presente acórdão.". (sublinhado nosso).

Constituem, de igual modo, conceitos autónomos de Direito Comunitário, segundo o Acórdão proferido, em 26 de Maio de 2005, no processo Kingscrest, C-498/03 (ponto 23), as *"condições específicas que são exigidas para beneficiar destas isenções e, em particular, das que se referem à qualidade ou à identidade do operador económico que efectua prestações abrangidas pela isenção (acórdão de 11 de Agosto de 1995, BulthuisGriffioen, C453/93, Colect., p. I2341, n.º 18)."*.

A principal justificação para a definição comunitária destes conceitos, em sede de IVA, reside na minimização de divergências na aplicação do regime deste imposto nos diversos Estados membros[246].

Retomando a temática da elisão, importa assinalar que a subsistência deste princípio de definição e interpretação uniforme

---

[246] *Cfr.* Acórdão de 26 de Junho de 2003, MKG-Kraftfahrzeuge-Factoring, C-305/01.

das noções constantes da Sexta Directiva constitui mais um factor estrutural restritivo do campo de manobra do contorno da norma fiscal por parte dos contribuintes, com particular destaque no âmbito das operações internacionais. Com efeito, a fixação uniforme dos 'tipos' fiscais de IVA nos 25 Estados membros evita a utilização abusiva dos diversos espaços nacionais, em busca de divergências de qualificação que conduzam a situações de não tributação.

G. Interpretação restritiva das normas de isenção

As expressões utilizadas para designar as isenções visadas pelo artigo 13.º da Sexta Directiva são de interpretação estrita, em virtude de traduzirem derrogações ao princípio geral de acordo com o qual o IVA é cobrado sobre qualquer operação – transmissão de bens ou prestação de serviços – efectuada a título oneroso por um sujeito passivo agindo como tal[247]. As isenções consubstanciam um regime de excepção à vocação universal do IVA, imposto de base alargada que visa tributar todas as transacções económicas até ao estádio de consumo final. São um *ius singulare*, uma *lex specialis*.

Neste sentido, refere o recente Acórdão Goed Wonen[248], ainda a propósito da locação de imóveis, que: *"as isenções da Sexta Directiva, susceptíveis de interromper a cadeia de deduções entre sujeitos passivos que resulta do artigo 17.º da Sexta Directiva e, portanto, de dar*

---

[247] *Vide*, designadamente, os Acórdãos de 26 de Maio de 2005, Kingscrest, C-498/03; de 3 de Março de 2005, Fonden Marselisborg, C-428/02; de 12 de Junho de 2003, Sinclair Collis, C-275/01; de 9 de Outubro de 2001, Mirror Group, C-409/98 (ponto 30); de 18 de Janeiro de 2001, Stockholm Lindöpark, C-150/99; de 12 de Setembro de 2000, Comissão/Irlanda, C-358/97 (ponto 52), entre outros.

[248] Processo C-326/99, ponto 41 (de 26 de Abril de 2005).

origem a uma carga fiscal em razão da impossibilidade de deduzir o imposto pago a montante, devem ser interpretadas de maneira restrita".

Contudo, importa não esquecer que as isenções de IVA, denominadas de incompletas, ao contrário do que ocorre em sede de impostos sobre o rendimento, em regra não configuram regimes favoráveis que sejam ambicionados pelos sujeitos passivos de imposto.

Estas isenções incompletas de que tratam os Acórdãos citados, contempladas nos artigos 13.º da Sexta Directiva e 9.º do Código do IVA, não permitem o exercício do direito à dedução, impedindo a recuperação do imposto incorrido nas aquisições de bens e serviços.

Correlativamente, na vertente das operações activas, o facto de a isenção implicar a não liquidação de IVA não traz vantagens apreciáveis. É que, em virtude do mecanismo obrigatório da repercussão, o imposto (que deixou de ser liquidado em razão da isenção) não iria ser suportado pelo sujeito passivo em causa, mas pelo destinatário da transmissão de bens ou prestação de serviços. O qual, por seu turno, desde que caracterizado como sujeito passivo de IVA, também poderia recuperar esse imposto [249] [250].

---

[249] A não liquidação de IVA pode, porém, revelar-se vantajosa em certas situações. É o caso de as isenções se aplicarem no estádio do consumo, uma vez que deixa de incidir imposto sobre a margem de valor acrescentada pelo sujeito passivo, assim como sobre o factor de produção correspondente ao trabalho assalariado.

[250] Ao lado destas, existem as denominadas isenções completas (ou operações à taxa zero – '*zero-rated*' – segundo a tradição anglo-saxónica), que conferem o direito à dedução. Estas, ao contrário das incompletas, apresentam inegáveis vantagens, possibilitando a desoneração integral do IVA. Respeitam eminentemente ao comércio internacional e visam as operações de exportação, de transmissão intracomunitária de bens, os transportes internacionais e demais situações equiparadas.

H. Uniformidade na aplicação e a relevância do elemento teleológico-finalístico e da vertente económica

A uniformidade na aplicação do Direito Comunitário constitui pilar fundamental de articulação da ordem jurídica comunitária com os sistemas nacionais.

O controlo da interpretação do Direito Comunitário pelo TJ e o princípio da interpretação conforme ao Direito Comunitário[251] configuram importantes vectores de concretização dessa uniformidade. Este último, contido no artigo 10.º do TCE, tem particular importância para efeitos de IVA: exprime o dever de os órgãos de aplicação do direito interpretarem o(s) direito(s) nacional(is) em conformidade com o Direito Comunitário, seu teor e finalidades.

O TJ recorre inúmeras vezes a este princípio como critério de decisão nos processos de reenvio prejudicial, para além de nele assentarem diversas condenações em acções de incumprimento de Estado. Foi o que ocorreu no processo C-129/00, contra a República Italiana, tendo esta sido condenada por manter através da jurisprudência e prática administrativas, uma interpretação contrária ao Direito Comunitário de uma lei nacional[252].

---

[251] Para além de outros princípios tópicos desenvolvidos pelo TJ como o da funcionalidade do direito europeu e o do efeito útil – *Cfr.* J.J. GOMES CANOTILHO (*"Direito Constitucional ..."* cit., pp. 1211 e 1212). Relativamente ao efeito útil, um exemplo da sua aplicação pode encontrar-se no Acórdão, de 18 de Novembro de 2004, proferido no processo Temco Europe, C-284//03, ponto 19.

[252] Acórdão de 9 de Dezembro de 2003. De salientar que a norma constante da legislação nacional italiana não foi considerada incompatível com o Direito Comunitário, mas sim uma determinada interpretação dessa regra por parte da Administração e dos Tribunais italianos. As violações do Direito Comunitário não resultam, pois, exclusivamente da aprovação de legislação

É imbuído deste espírito que o TJ determina que as *"disposições comunitárias devem ser interpretadas e aplicadas de modo uniforme à luz das versões redigidas em todas as línguas da Comunidade"*[253]. Em caso de divergência entre as diferentes versões linguísticas de um texto comunitário, a disposição em questão deve ser interpretada em função da economia geral e da finalidade da regulamentação de que faz parte[254]. Este segmento final constitui já a expressão do método interpretativo por excelência usado pelo Tribunal de Justiça: a interpretação teleológica ou finalista, na qual assume lugar de destaque a perspectiva económica, por via do princípio rector da neutralidade que subjaz a todo o sistema comum do IVA[255].

O TJ tem vindo repetidamente a afirmar que as disposições de Direito Comunitário em matéria de IVA devem ser interpretadas de acordo com o contexto em que se inscrevem, das finalidades e da economia da Sexta Directiva, tendo especialmente em conta a *ratio legis* subjacente à norma ou ao regime em causa[256]. Deve, pois, atender-se ao objectivo que com a norma se pretende realizar, conferindo-lhe plena efectividade.

---

ou regulamentação nacionais incompatíveis. As práticas, procedimentos e interpretações administrativas e jurisprudenciais são, de forma idêntica, passíveis de consubstanciar tais violações.

[253] Neste sentido, *vide* Acórdãos de 5 de Dezembro de 1967, Van der Vecht, C-19/67; de 17 de Julho de 1997, Ferriere Nord/Comissão, C-219/95 e de 29 de Abril de 2004, Björnekulla Fruktindustrier, C-371/02.

[254] Acórdãos de 3 de Março de 2005, Fonden Marselisborg, C-428/02, ponto 42; de 1 de Abril de 2004, Borgmann, C-1/02; de 26 de Junho de 2003, Finanzamt Groß-Gerau c. MKG-Kraftfahrzeuge-Factoring GmbH, C-305/01, e de 9 de Março de 2000, EKW e Wein & Co, C-437/97.

[255] Sobre os métodos de interpretação do TJ, ANTÓNIO GOUCHA SOARES, *Repartição de competências e preempção no direito comunitário*, Cosmos, Lisboa, 1996, pp. 159-167.

[256] Acórdão de 18 de Novembro de 2004, Temco Europe, C-284/03 (ponto 24). Um exemplo ilustrativo de interpretação teleológica é-nos

A tomada em conta da realidade económica constitui um critério fundamental para a aplicação do sistema comum do IVA, conforme assinalado no ponto 23 do Acórdão proferido no processo DFDS, C-260/95, em 20 de Fevereiro de 1997. Aresto que se bastou com uma simples abordagem hermenêutica, baseada na interpretação teleológica, e sem recurso a figuras anti elisivas específicas, como é o caso do abuso de direito, para considerar que uma sociedade constituída no Reino Unido configurava um estabelecimento estável da sócia (sociedade-mãe) dinamarquesa. Assim, fundamentando-se na realidade económica, o TJ determinou que a sociedade britânica mais não era do que um braço, uma mera extensão auxiliar da entidade dinamarquesa, desconsiderando, para efeitos de IVA, a personalidade jurídica colectiva daquela e a sua aparência societária formal[257][258].

---

dado pelo Acórdão de 26 de Maio de 2005, Kingscrest Associates, C-498/03, pontos 30 e segs. Noutra formulação do TJ: *"Deve recordar-se que, para determinar o alcance de uma disposição de direito comunitário, há que ter em conta ao mesmo tempo os seus termos, o seu contexto e os objectivos prosseguidos"* – Acórdãos de 15 de Outubro de 1992, Tenuta il Bosco, C-162/91; de 16 de Janeiro de 2003, Maierhofer, C-315/00, e de 15 de Julho de 2004, Harbs, C-321/02.

[257] Segundo o Tribunal de Justiça: *"resulta das informações constantes do despacho de reenvio, designadamente da detenção pela DFDS da totalidade do capital da sua filial e das diversas obrigações contratuais impostas a esta pela sua casa-mãe, que a sociedade estabelecida no Reino Unido actua como um simples auxiliar desta última.*

27 Em segundo lugar, deve averiguar-se se, em conformidade com a jurisprudência referida no n.º 20 do presente acórdão, o estabelecimento em questão apresenta a consistência mínima requerida em termos de meios humanos e técnicos necessários.

28 A este propósito, resulta dos elementos de facto mencionados no despacho de reenvio, nomeadamente no que respeita à importância do número de assalariados de que dispõe a sociedade estabelecida no Reino Unido e às condições materiais em que esta presta os serviços aos viajantes, que esta sociedade apresenta, efectivamente, as características de um estabelecimento estável na acepção das referidas disposições.".

[258] Também no Acórdão de 27 de Outubro de 1981, Töpfer, C-250/80, o TJ, a propósito de montantes compensatórios de adesão, havia optado

A interpretação teleológica impregnada de uma perspectiva económica constitui o cânone hermenêutico primacial do TJ, conferindo agilidade e flexibilidade à densificação concretizadora da jurisprudência comunitária e garantindo efectividade na tributação.

Contudo, esta propensão não se direcciona apenas em sentido adverso ao contribuinte, não funciona apenas como mecanismo anti-elisivo. Em áreas onde são conferidos direitos tributários aos sujeitos passivos, mais concretamente, naquelas em que estes assumem a veste de credor de prestações tributárias, derivadas do exercício do crédito de imposto ou do direito à dedução, o TJ, de forma coerente, aplica idênticos critério e medida.

Deste modo, a interpretação teleológica no IVA conduz, por um lado, ao afastamento de manobras de elisão fiscal dos contribuintes, derivadas, quer dos artifícios por estes criados, quer do aproveitamento de conceitos formais. Por outro, nos antípodas, rejeita a adopção de medidas restritivas por parte dos Estados membros, quando estas se traduzam na impossibilidade de recuperação efectiva do IVA incorrido pelos sujeitos passivos, ou seja, que afectem ou ponham em causa o direito à dedução que lhes assiste[259].

Por fim, cumpre assinalar que a atribuição de relevo ao elemento teleológico constitui pressuposto dogmático essencial

---

por uma abordagem teleológica, sem recorrer a qualquer 'abuso de direito' ou figura similar.

[259] Por todos, veja-se o Acórdão de 8 de Janeiro de 2002, Metropol Treuhand, C-409/99 (em particular o ponto 42). Referimo-nos, designadamente, à adopção de normas especiais anti-abuso por recurso à técnica de presunções ou ficções que não são, assim, em geral, de admitir. Situação diversa é a da remoção do direito à dedução em circunstâncias comprovadas de exercício abusivo a qual se afigura totalmente compatível com o sistema comum do IVA – *Cfr.* Acórdão de 29 de Abril de 2004, Gemeente Leusden, C-487/01 (ponto 63).

da adopção de uma doutrina de fraude à lei, uma vez que o elemento defraudado é precisamente a finalidade da norma.

2.4. O abuso de direito como cláusula geral anti-abuso de Direito Comunitário

A jurisprudência do TJ tem aplicado de forma recorrente a fórmula do abuso de direito, sempre que são invocadas normas comunitárias e direitos nela consagrados, no contexto de fraude à lei, por violação do seu espírito e finalidade.

Reconhece-se, portanto, que um direito decorrente de uma disposição comunitária pode ser exercido de maneira abusiva e que, nessas circunstâncias, deverá apelar-se ao princípio de abuso de direito pertencente ao acervo comunitário. Erigido pela via jurisprudencial em princípio geral do Direito Comunitário, e, por conseguinte, obrigatório para todos os Estados membros, este instituto impede, assim, a obtenção de quaisquer benefícios previstos na legislação comunitária que tenham sido obtidos através de actuações abusivas.

Paralelamente, o TJ, em situações circunscritas, tem admitido a utilização, pelos Estados membros, dos seus institutos nacionais anti abusivos para negar a possibilidade de invocação de normas comunitárias. Todavia, em geral, o TJ escrutina restritivamente as derrogações nacionais a normas ou princípios comunitários, implementadas pelos Estados membros com base na justificação de que visam eliminar o risco de abuso ou fraude à lei. O mero risco abstracto de abuso ou fraude não é, pois, atendível ou suficiente para justificar a não aplicação do Direito Comunitário, exigindo-se a comprovação de um abuso efectivo no caso concreto[260].

---

[260] Muito menos quando estão em jogo as liberdades fundamentais de circulação de mercadorias e serviços, ínsitas ao sistema comum do IVA.

Vejamos, em síntese selectiva, alguns exemplos colhidos da jurisprudência comunitária.

(a) Acórdão de 30 de Setembro de 2003, Inspire Art, C-167/01
Considera incompatível com o Direito Comunitário uma legislação nacional restritiva do exercício da liberdade de estabelecimento, por não preencher os critérios de eficácia, proporcionalidade e não discriminação. Ademais, este género de restrições somente será consentâneo quando se demonstre, caso a caso, a existência efectiva de um abuso.

(b) Acórdão de 21 de Novembro de 2002, X e Y, C-436/00
Pronuncia-se pela incompatibilidade com o Direito Comunitário de uma legislação nacional anti-abuso que impede o benefício de diferimento do imposto sobre as mais valias – 'roll-over relief' – quando as acções são transmitidas a uma sociedade estrangeira, na qual o cedente detém uma participação, sem que, para o efeito, sejam demonstradas razões imperiosas e de interesse geral, nem observado o critério de proporcionalidade.

(c) Acórdão de 14 de Dezembro de 2000, Emsland-Stärke, C-110/99
Segundo este aresto, a aplicação dos regulamentos comunitários não pode ser alargada ao ponto de abranger práticas abusivas de operadores económicos. Para se concluir que se trata de uma prática abusiva importa verificar dois critérios. Primeiro que existam circunstâncias objectivas das quais resulte que, apesar do respeito formal das condições previstas na legislação comunitária, a finalidade pretendida por essa legislação não foi alcançada. Segundo, que se constate a vontade de obter um benefício que resulta da legislação comunitária, criando artificialmente as condições exigidas para a sua obtenção. Verificadas estas condições deve ser retirado o benefício (restituição à exportação) ao exportador comunitário.

(d) Acórdão de 23 de Março de 2000, Dionysios Diamantis, C-373/97[261]

Determina que o Direito Comunitário não se opõe a que os órgãos jurisdicionais nacionais apliquem uma norma nacional a fim de apreciar se um direito decorrente de uma disposição comunitária é exercido de maneira abusiva. As ordens jurídicas nacionais podem utilizar as suas próprias normas de direito comum (*v.g.* fraude à lei, simulação, abuso de direito) para negar a possibilidade de invocar normas comunitárias em casos circunscritos, desde que não seja posta em causa a aplicação uniforme do Direito Comunitário. Os sujeitos da relação jurídica não podem abusivamente prevalecer-se das normas comunitárias.

(e) Acórdão de 9 de Março de 1999, Centros, C-212/97

Nega a compatibilidade com o Direito Comunitário de uma legislação nacional restritiva do exercício da liberdade de estabelecimento, salientando que as normas nacionais anti-abuso devem ter em consideração os objectivos prosseguidos pelas disposições comunitárias. Sem prejuízo de considerar que os órgãos jurisdicionais nacionais possam ter em conta, casuisticamente, comportamentos abusivos.

(f) Acórdão de 17 de Julho de 1997, Leur-Bloem, C-28/95

Para verificar se uma operação tem como principal objectivo ou como um dos principais objectivos a fraude ou a evasão fiscais, as autoridades nacionais devem proceder, em cada caso, à apreciação global da referida operação. Essa apreciação deve poder ser objecto de fiscalização jurisdicional. Os Estados-Membros podem prever que o

---

[261] Em sentido idêntico o Acórdão de 12 de Maio de 1998 proferido no processo Kefalas, C-367/96.

facto da operação em causa não ter sido efectuada por razões económicas válidas constitui uma presunção de fraude ou de evasão fiscais. No entanto, a instituição de uma regra de alcance geral que exclui automaticamente certas categorias de operações do benefício fiscal, quer haja ou não efectivamente evasão ou fraude fiscais, ultrapassaria aquilo que é necessário (desproporcionado) e prejudicaria o objectivo prosseguido pela normação comunitária.

(g) *Acórdão de 2 de Maio de 1996, Paletta, C-206/94*
Admite que seja dada relevância ao comportamento abusivo de um trabalhador que alegue incapacidade certificada ao abrigo de um regulamento comunitário, caso se prove que o mesmo não esteve doente[262].

(h) *Acórdão de 3 de Março de 1993, General Milk, C-8/92*
Confere relevância ao comportamento abusivo no âmbito da aplicação de montantes compensatórios monetários ao abrigo de regulamentos comunitários, desde que se demonstre que as correspondentes operações de importação e exportação foram realizadas com a única finalidade de beneficiar de maneira abusiva dessa regulamentação.

Revela esta jurisprudência um princípio geral de Direito Comunitário anti elisivo, segundo o qual os sujeitos das relações jurídicas não podem '*abusivamente*' prevalecer-se das normas comunitárias. Configurado como Princípio de Direito Comunitário é imperativo para os Estados membros que, em sua observância, ficam vinculados a reagir perante condutas, negociais ou outras, de contorno das normas comunitárias ou de fonte comunitária,

---

[262] Segundo entendemos, trata-se aqui de uma situação de fraude e não de elisão, pelo que não corresponde propriamente à noção de abuso de direito.

impedindo que as suas ordens jurídicas se conformem com os efeitos ou benefícios assim alcançados pelos contribuintes.

Nestes termos, os Estados membros que adoptam exclusivamente o cânone da interpretação literal não poderão, perante a aplicação de normas comunitárias, cingir-se à *'literal rule'*, atento o princípio de abuso de Direito Comunitário que ficou acima delineado, sob pena de incumprimento de Estado.

A delimitação do princípio comunitário aproxima-se, inquestionavelmente, da construção doutrinal da *'fraus legis'*[263].

De acordo com o TJ a verificação de uma actuação abusiva resulta da conjugação de dois critérios. Primeiro, que existam circunstâncias objectivas das quais resulte que, apesar do respeito formal das condições previstas na legislação comunitária, a finalidade pretendida por essa legislação não foi alcançada. Segundo, que se manifeste a vontade de obter um benefício resultante dessa legislação comunitária. Num dos acórdãos é acrescentada uma condição que não é, todavia, comum aos demais arestos, a saber: que sejam artificialmente criadas as condições exigidas para a obtenção do citado benefício[264]. Outro requisito que não tem sido abordado de forma consistente respeita à preponderância ou exclusividade do fim fraudulento. Nuns casos é expressamente referida a necessidade de um fim exclusivo, noutros, este ponto não é sequer aflorado, indiciando que será suficiente uma proeminência do fim fraudatório.

Relativamente à admissibilidade de institutos nacionais o TJ aceita que, no combate às práticas abusivas, as ordens jurídicas nacionais utilizem as suas próprias normas de direito comum[265],

---

[263] Ponto 2.1.3. da parte II *supra*.

[264] O termo 'artificialmente' surge como aproximação à doutrina alemã de abuso das formas, que acentua o carácter inusual ou anormal e atípico da configuração jurídica dos negócios abusivos.

[265] *V.g.* fraude à lei, abuso de direito, 'simulação', entre outros.

para negar a possibilidade de invocação de normas comunitárias[266]. É, todavia, uma aceitação severamente condicionada. Desde logo, assinala esse recurso deve ficar limitado a casos circunscritos[267] e que não deve por em causa a aplicação uniforme do Direito Comunitário. Acrescenta, ainda, que essas normas nacionais anti abuso devem ter em consideração os objectivos prosseguidos pelas disposições comunitárias.

O que significa que se esses institutos nacionais revestirem carácter geral haverão de corresponder à concretização do princípio do abuso de Direito Comunitário:

(a) Por um lado, as cláusulas gerais anti-abuso nacionais não poderão restringir o alcance do princípio geral do abuso de direito, conforme construído pela jurisprudência do TJ, em virtude de o mesmo ser de aplicação obrigatória;

(b) Por outro lado, também, não podem ter uma maior abrangência, sob pena de redundarem na desaplicação do Direito Comunitário por pura determinação das ordens jurídicas nacionais, juridicamente inaceitável atenta a hierarquia das fontes de Direito expressa no artigo 8.º da CRP.

A noção de abuso de Direito Comunitário resulta, pois, de construção jurisprudencial. Constitui a emanação de um princípio geral de Direito Comunitário desvendado pelo TJ, de observância imperativa quando esteja em causa a aplicação de normas comunitárias.

---

[266] O Tribunal pronuncia-se no domínio das liberdades fundamentais conferidas pelo TCE. Ora o IVA, como foi assinalado, constitui um regime comum adoptado para garantir as liberdades fundamentais, mormente as de livre circulação de bens e de serviços. Pelo que afectar as bases comuns do imposto tem repercussões nas referidas liberdades, à partida, inconciliáveis com o mercado comum.

[267] Embora não esclareça os parâmetros da 'circunscrição'.

Funciona como uma verdadeira cláusula geral anti elisiva, ancorada nos pressupostos da doutrina da *'fraus legis'*, exigindo a verificação de dois elementos, um de carácter objectivo e outro de índole subjectiva.

No tocante às normas anti-abuso especiais de direito interno, estas serão, por via de regra, incompatíveis com a ordem jurídica comunitária se restringirem as liberdades fundamentais. Senão vejamos. O TJ, nos arestos analisados, afirma que essas normas devem ter subjacentes *"razões imperiosas e de interesse geral"* e têm de observar os critérios de proporcionalidade, não discriminação e eficácia. Acrescenta que somente serão consentâneas quando se demonstre, caso a caso, a existência efectiva de um abuso. O argumento do risco de evasão ou de abuso não é atendível. As normas especiais anti-abuso têm de permitir a prova, *in casu*, do abuso, e serem passíveis de controlo jurisdicional.

2.5. *O abuso de direito no IVA – o paradigma 'Halifax'*

Até 2005 não existiu qualquer pronúncia, por parte do TJ, que invocasse e aplicasse, em sede de IVA, a doutrina do abuso de direito, designadamente com a finalidade de tornar ineficazes manobras elisivas de contorno das normas por parte dos sujeitos passivos deste imposto. Porém, não se divisam razões que justifiquem algum desvio ao entendimento acima descrito, uma vez que o sistema comum de IVA consta de uma Directiva e integra o acervo comunitário. O regime do IVA está, pois, submetido ao princípio geral anti abusivo em apreço.

O argumento de que a jurisprudência 'anti-abuso' em matéria de concessão de montantes compensatórios e de restituições à exportação teve por base Regulamentos não introduz, em nosso entender, qualquer modificação. A aplicabilidade directa, que distingue a Directiva do Regulamento, não configura elemento que deva ser levado à ponderação no âmbito da teoria anti abusiva. O abuso de Direito Comunitário tanto pode ocorrer relativamente a normas constantes de Directivas como de Regulamentos.

Acresce referir que, em alguns pontos, a disciplina do IVA já é objecto Regulamentos[268], para além de que, substancialmente, nos elementos essenciais do imposto, a Sexta Directiva do IVA não deixa grande margem de opção aos Estados membros, equivalendo, nesta medida, à função típica dos Regulamentos. De salientar, também, que as directivas do IVA contêm inúmeros preceitos dotados de efeito directo[269].

As dúvidas que a este respeito ainda subsistissem no espírito dos mais cépticos foram, entretanto, dissipadas com a decisão proferida pelo TJ, em 21 de Fevereiro de 2006, no processo Halifax, C-255/02.

Suscitou-se aí, pela primeira vez, o enquadramento do abuso do direito em matéria de IVA, com o objectivo de impedir o exercício do direito à dedução do IVA no âmbito da montagem de operações imobiliárias. Estas operações envolviam uma entidade impossibilitada de recuperar o IVA na sua quase totalidade, por se tratar de uma instituição bancária que realizava mais de 95% de transacções isentas de IVA e que, portanto, nessa

---

[268] *Cfr.* Regulamento (CE) n.º 1777/2005, do Conselho de 17 de Outubro de 2005.

[269] Não sendo tal conceito de confundir com o de aplicabilidade directa, que apenas preside aos Regulamentos, ponto é que o mesmo confere aos particulares direitos sindicáveis com base nas normas comunitárias. São inúmeros os Acórdãos do TJ que reconhecem efeito directo às normas constantes da Sexta Directiva. Entre outros, *vide* os Acórdãos de 17 de Fevereiro de 2005, processo Edith Linneweber, C-453/02 e de 19 de Janeiro de 1982, processo Becker, C-8/81.

medida, não beneficiava do direito à dedução. A estrutura criada visava, precisamente, através da interposição de outras entidades com aquela relacionadas[270] a quem assistisse a possibilidade de exercer o direito à dedução, e por intermédio da celebração de diversos contratos[271] com "*manipulação*" dos preços de construção e locação dos imóveis, alcançar a recuperação integral ou quase total do IVA incorrido que, em circunstâncias típicas e lineares, a instituição bancária não poderia deduzir no âmbito da sua actividade.

Foram também criteriosamente seleccionadas as datas das diversas operações, por forma a 'caírem' em períodos contabilísticos distintos, de acordo com determinados critérios. Assim, as locações isentas, que não conferem o direito à dedução, foram reportadas num período posterior àquele em que esse direito devia ser exercido, neutralizando as potenciais consequências adversas que essas locações teriam na percentagem de dedução se fossem celebradas no ano (fiscal) em que os custos de beneficiação dos imóveis foram suportados[272].

O advogado-geral MIGUEL POIARES MADURO, nas conclusões proferidas no processo Halifax, sustentou, desde logo, a aplicabilidade da doutrina do abuso de direito ao IVA[273].

---

[270] O Acórdão indica que estas entidades, com excepção de uma sociedade promotora independente, eram sociedades – filiais – integralmente detidas pela Halifax.

[271] São referidos diversos contratos de beneficiação dos imóveis (empreitada), de financiamento, de locação e sublocação (pontos 16 a 21 e 24 a 28).

[272] Conforme ponto 30 do Acórdão.

[273] O advogado-geral afasta a primeira tese defendida pelos Commissioners of Customs & Excise de que uma operação efectuada unicamente com o objectivo de evasão ao IVA não constitui, em si mesma, uma 'prestação de serviços' nem uma medida tomada no exercício de uma 'actividade económica' para efeitos de IVA. Esta orientação já foi defendida pelos Commissioners a propósito das situações de 'fraude carrossel' e foi,

Segundo o advogado-geral, no âmbito da montagem de operações exclusivamente efectuadas com o objectivo de alcançar a recuperação do IVA, envolvendo entidades às quais não assiste esse direito ou assiste apenas em reduzida medida e que são, em última instância, as verdadeiras beneficiárias das prestações de serviços realizadas, o benefício da dedução deste imposto deve ser afastado. Nestas circunstâncias, o mecanismo do crédito de imposto é accionado com efeitos distorcidos.

Quadro factológico que não é sequer qualificável como simulação, uma vez que as operações não são fictícias e foram efectivamente realizadas. Este é, aliás, um dos pressupostos assumidos pelo órgão jurisdicional de reenvio[274].

No entanto, é evidente que tais operações foram concebidas como instrumentos ou negócios indirectos para a execução de planos de elisão fiscal. Senão vejamos.

Mediante,
(a) A utilização de diversas entidades relacionadas, detidas, de forma directa ou indirecta, por um 'sócio'[275] comum,
(b) Através da cisão 'artificial' da(s) operação(ões) em transacções diversas, via subcontratação e, em regra, com efeitos circulares, envolvendo múltiplos 'intermediários',
(c) Com fixação de preços exorbitantes ou insignificantes na cadeia de transacções, consoante o estatuto de IVA, quer

---

de igual modo, rejeitada pelo TJ – Acórdãos de 12 de Janeiro de 2006, Optigen Ltd, C-354/03 e de 6 de Julho de 2006, Axel Kittel C-439/04. De facto, uma actividade não é destituída de natureza económica só porque é exercida com a única intenção de dar origem a um benefício fiscal (ponto 50 das conclusões do processo Halifax).

[274] Ponto 36 das conclusões.

[275] São em regra entidades colectivas, mas podem não revestir a forma societária, pelo que o termo 'sócio' é aqui empregue num sentido amplíssimo.

das entidades prestadoras, quer dos recipientes e destinatários dos bens e serviços em causa, alcança-se a recuperação, quase integral, do IVA relativo a bens ou serviços utilizados por um sujeito passivo que não beneficia do direito a essa recuperação e que devia ser tratado como um consumidor final, no todo ou numa parte significativa das suas aquisições.

Salienta, ainda, o advogado-geral, em posição que perfilhamos, que são transponíveis para a interpretação das proposições comunitárias de IVA os dois critérios apresentados pelo TJ, para aferir a existência de um abuso, no caso Emsland-Stärke[276].

Por um lado, têm de verificar-se circunstâncias objectivas que permitam concluir que o objectivo pretendido pela legislação não foi alcançado, pese embora o respeito formal da previsão normativa. Configura o elemento normativo da cláusula geral anti abuso portuguesa, de que fala GUSTAVO LOPES COURINHA[277], e que representa a anti-juridicidade do resultado atingido, ou, nas suas palavras *"a desconformidade do resultado obtido com a ratio legis, o espírito ou propósito da lei"*. Novamente surge o paralelismo com a doutrina da fraude à lei, apelando ao âmbito teleológico das normas invocadas.

Por outro lado, exige-se um requisito subjectivo consubstanciado na intenção finalística de obter um benefício resultante da legislação comunitária, criando-se, para o efeito, os pressupostos

---

[276] Esclarece o advogado-geral, no ponto 74 das suas conclusões, que *"nenhuma disposição de direito comunitário pode ser formalmente invocada para assegurar benefícios manifestamente contrários aos seus fins e objectivos. Tal regra, concebida como um princípio de interpretação, constitui uma válvula de segurança indispensável para proteger os objectivos de todas as disposições de direito comunitário contra a sua aplicação formalista, baseada unicamente no seu sentido mais óbvio"*. (sublinhado nosso)

[277] (*"A Cláusula ..."* cit., pp. 185 a 197).

indispensáveis. Esta intenção de as partes obterem ilegitimamente um benefício do Direito Comunitário pode simplesmente ser inferida do carácter artificial da situação a apreciar à luz de um conjunto de circunstâncias objectivas. Se se provar que essas circunstâncias objectivas existem presume-se a intenção. E, aqui chegados, importa concluir que a pessoa que invoca o sentido literal de uma norma de Direito Comunitário para reivindicar um direito que se opõe aos seus próprios fins não merece que esse direito seja protegido[278].

Esta finalidade 'subjectiva' direccionada para o benefício fiscal é determinada com base em indícios objectivos, presumindo-se no caso de inexistência de qualquer outra justificação económica para a actividade que não seja a de criar o mencionado benefício fiscal, pelo que este pode ser considerado um "*elemento de autonomia*". Configura, a nosso ver, uma modalidade do critério do '*business purpose*' anglo-saxónico[279] [280].

---

[278] Ponto 71 das conclusões.

[279] *Vide* ponto 87 das conclusões do advogado-geral. *Cfr.* B. JONES, L. LUNGARELLA, "Definition of 'business purpose' is central to Halifax Decision", in *International Tax Review*, London, Vol. 16 (2005), nr. 9.

[280] A dúvida surge quando a actividade económica é preponderantemente justificada pelo fim de obtenção do benefício fiscal *lato sensu*, mas tal fim não é exclusivo, concorrendo com outras finalidades não fiscais. Aí o advogado-geral propugna a inaplicabilidade da doutrina interpretativa do abuso de direito por considerar que, e passamos a citar (ponto 89): *"seria atribuir à Administração Fiscal um poder discricionário excessivamente amplo para decidir qual dos objectivos de determinada transacção deve ser considerado predominante. Introduziria um elevado grau de incerteza relativamente às legítimas opções dos operadores económicos e afectaria as actividades económicas que claramente merecem protecção, desde que estas se justifiquem, pelo menos em alguma medida, por objectivos comerciais comuns."*. Pode questionar-se, em sentido oposto a Poiares Maduro, se não será de manter a aplicabilidade da doutrina do abuso de direito nos casos em que, embora não seja exclusivo, o fim da operação é predominantemente fiscal.

A decisão do TJ sufragou, na íntegra, a posição defendida pelo advogado-geral.

O TJ começa por reconhecer o direito de os empresários optarem pelas soluções menos onerosas, de acordo com as possibilidades conferidas pelo regime do IVA[281].

No entanto, perante a verificação de certos requisitos, as opções dos sujeitos passivos deste imposto podem configurar uma situação abusiva do ponto de vista do Direito Comunitário.

Segundo a jurisprudência Halifax, o abuso de Direito Comunitário é caracterizado por dois elementos que correspondem aos critérios objectivo e subjectivo acima descritos.

O objectivo, em consonância com a *fraus legis* clássica, caracteriza-se pela violação da norma na sua finalidade, ainda que com observância da forma[282]. O subjectivo refere-se à intenção de obter um benefício fiscal que, no entanto, deve resultar de um conjunto de elementos objectivos que permitam inferir essa intencionalidade[283].

O TJ rejeita, pois, um apuramento subjectivo da intenção do sujeito passivo admitindo a prova 'indiciária' para aquilatar do objectivo essencial da operação. Estes indícios poderão referir-se, entre outros, ao carácter artificial das operações[284] e à existência de relações especiais entre as entidades intervenientes.

Verificando-se o abuso de Direito Comunitário, o efeito jurídico consequente consistirá no restabelecimento da situação que

---

[281] Ponto 73 do Acórdão.
[282] Ponto 74 do Acórdão.
[283] Aliás, se a intenção de obter um benefício fiscal não fosse aferida através de factos-índice de carácter objectivo, seria virtualmente impossível a prova do elemento subjectivo e o instituto do abuso do direito não teria aplicação prática.
[284] Afloramento da teoria do abuso de formas jurídicas.

existiria se não se tivesse verificado a fraude à lei[285]. Estando em causa a dedução 'indevida' de IVA, devem os sujeitos passivos beneficiários ser, por conseguinte, obrigados a restituir as quantias recebidas.

Para que a situação actual hipotética seja reconstituída importa, porém, não só ter em conta o IVA que foi ilicitamente deduzido em decorrência da prática abusiva. Deve subtrair-se ao imposto a restituir pelos sujeitos passivos o eventual IVA que tenha sido liquidado em operações artificialmente criadas no âmbito do *"plano de redução da carga fiscal"*. Ou seja, ao valor do imposto deduzido indevidamente deve ser abatido o valor do imposto 'pago a mais', que também tenha sido artificialmente criado[286] [287].

---

[285] Tratando-se de situações de contorno da lei, não existe uma violação frontal das normas jurídicas, pelo que não se encontra prevista, à partida, uma sanção da conduta fraudatória. A este propósito, salienta o TJ, no ponto 93 do Acórdão: *"Importa, além disso, recordar que a verificação da existência de uma prática abusiva não deve conduzir a uma sanção, para a qual seria necessária uma base jurídica clara e inequívoca, mas antes a uma obrigação de reembolso, como mera consequência dessa verificação, tornando indevidas, em parte ou na totalidade, as deduções do IVA pago a montante"*.

[286] Ponto 96 do Acórdão. Acrescenta-se, no ponto 97, e passamos a citar: *"Do mesmo modo, deve permitir ao sujeito passivo que, na ausência de operações constitutivas de uma prática abusiva, seria o beneficiário da primeira operação não constitutiva de uma tal prática, deduzir, em conformidade com as disposições do regime de deduções da Sexta Directiva, o IVA que incide sobre essa operação a montante."*

[287] Uma vez que estamos perante estratégias de planeamento fiscal, naturalmente que o valor do IVA 'pago a mais' é sempre significativamente inferior ao IVA 'recuperado a mais'.

[288] Pontos 39, 3, 48, 49 e 52 do Acórdão. O processo BUPA, o Halifax e o University of Huddersfield, a seguir mencionados, foram decididos pelo TJ em 21 de Fevereiro de 2006.

[289] Pontos 32 e 52 do Acórdão de 21 de Fevereiro de 2006.

Compulsando o Acórdão do TJ, sintetiza o seu ponto 94 que *"as operações implicadas devem ser redefinidas de forma a restabelecer a situação tal como ela existiria na ausência das operações constitutivas da prática abusiva"*.

O instituto abusivo foi também invocado no processo BUPA Hospitals Ltd, C-419/02. Contudo, aqui, o TJ decidiu ao abrigo de uma interpretação restritiva das noções de facto gerador e de exigibilidade do imposto, ficando prejudicado o conhecimento da questão do abuso do direito[288]. Diversamente, no processo da University of Huddersfield C-223/03, apesar de não terem sido colocadas questões prejudiciais que visassem o abuso de direito, o TJ faz uma referência expressa ao processo Halifax para afirmar que a Sexta Directiva se opõe ao direito do sujeito passivo de deduzir o IVA pago a montante quando as operações em que esse direito se baseia são constitutivas de uma prática abusiva[289].

Retira-se, assim, a conclusão de que o processo Halifax representa um ponto de viragem, clarificando a posição da ordem jurídica comunitária sobre o fenómeno da elisão fiscal em matéria de IVA, opondo-se aos cultores de um sistema formalista[290]. O princípio geral de Direito Comunitário do '*Abuso do Direito*', que foi identificado nos termos do ponto 2.4 *supra* e que configura uma cláusula geral anti-abuso de Direito Comunitário é plenamente aplicável ao IVA.

---

[290] Um exemplo das teses que se manifestavam contra a aplicabilidade de um princípio de abuso de direito em sede de IVA é-nos dado por PASCAL BRENNAN, "Why the ECJ Should Not Follow Advocate General Maduro's Opinion in Halifax", *in International VAT Monitor*, IBFD, July//August 2005, pp. 247-254.

2.6. Procedimento autorizativo relativo a normas especiais anti-abuso de fonte interna. O artigo 27.º da Sexta Directiva

Desde a sua aprovação, em 1977, que a Sexta Directiva contempla um procedimento autorizativo relativo a medidas especiais anti abuso, de carácter nacional, que visam evitar certas fraudes ou evasões fiscais no IVA, sempre que estas medidas se traduzam em regimes de excepção[291] ao sistema comum instituído.

A introdução, por parte dos Estados membros, de quaisquer normas de direito interno que constituam um desvio às disposições da Directiva carece, deste modo, de ser aprovada pelo Conselho que, para o efeito, deliberará por unanimidade, nos termos constantes do artigo 27.º[292] daquela directiva[293].

---

[291] Derrogações, na terminologia da Directiva, correspondentes às, entre nós, designadas normas excepcionais.

[292] Dispõe o artigo 27.º da Sexta Directiva:

"1. O Conselho deliberando por unanimidade, sob proposta da Comissão, pode autorizar os Estados-Membros a introduzir medidas especiais em derrogação da presente directiva para simplificar a cobrança do imposto ou para evitar certas fraudes ou evasões fiscais. As medidas destinadas a simplificar a cobrança do imposto não podem influir, a não ser de modo insignificante, sobre o montante global da receita fiscal do Estado-Membro cobrada na fase do consumo final.

2. O Estado-Membro que pretenda introduzir as medidas previstas no n.º 1 deve enviar um pedido à Comissão, fornecendo-lhe todas as informações necessárias. Se a Comissão considerar que não dispõe de todas as informações necessárias, contacta o Estado-Membro em causa no prazo de dois meses a contar da recepção do pedido, especificando as informações adicionais que ainda são necessárias. Logo que a Comissão disponha de todos os elementos de apreciação que considere úteis, deve informar o Estado-Membro requerente no prazo de um mês e enviar o pedido, na língua original, aos outros Estados-Membros.

3. Nos três meses seguintes ao envio da informação prevista no último período do n.º 2, a Comissão apresentará ao Conselho a proposta adequada ou, se o

pedido de derrogação suscitar objecções da sua parte, uma comunicação expondo as referidas objecções.
4. Em qualquer dos casos, o procedimento previsto nos n.ᵒˢ 2 e 3 do presente artigo deve ser concluído no prazo de oito meses a contar da recepção do pedido pela Comissão.
5. Os Estados-Membros que, em 1 de Janeiro de 1977, apliquem medidas especiais do tipo das referidas no n.º 1 podem mantê-las, desde que as notifiquem à Comissão antes de 1 de Janeiro de 1978 e, quando se trate de medidas destinadas a simplificar a cobrança do imposto, desde que estejam em conformidade com o critério definido no n.º 1. "

[293] Na sua versão inicial o artigo 27.º previa um processo que conduzia frequentemente à aprovação tácita pelo Conselho de medidas derrogatórias, considerando-se a decisão tomada se, num determinado prazo, nem a Comissão, nem algum dos Estados membros submetesse o assunto à apreciação do Conselho. Porém, com a Directiva 2004/7/CE, do Conselho, de 20 de Janeiro, foi modificada a redacção do artigo 27.º, passando cada derrogação a ser objecto de uma decisão expressa do Conselho e suprimindo-se a possibilidade de aprovação tácita, por forma a assegurar a transparência e segurança jurídica. De facto, com o anterior sistema de aprovações tácitas, conjugado com a inexistência de uma obrigação genérica de publicação das derrogações, ocorriam inúmeras dificuldades de controlo dos regimes de excepção existentes em cada um dos Estados membros, já para não mencionar as dúvidas que se suscitavam sobre a conformidade da normas nacionais com a Sexta Directiva. Assim, o procedimento do artigo 27.º, criado com o objectivo de monitorizar os regimes especiais criados pelos Estados membros, acabou por representar uma nota de desarmonia, ao viabilizar uma rede de derrogações e regimes particulares, nos diversos Estados membros, que comprometia um sistema 'comum' de IVA. Segundo o parecer do Comité Económico e Social Europeu (COM(2003) 335 final —2003/0120 (CNS)), de 30 de Outubro de 2003, publicado no JOUE C32, em 5 de Fevereiro de 2004, à data já haviam sido autorizadas 147 medidas derrogatórias específicas, das quais 2 diziam respeito à Áustria, 15 à Bélgica, 8 à Dinamarca, 2 à Finlândia, 17 à França, 20 à Alemanha, 1 à Grécia, 12 à Irlanda, 11 à Itália, 13 ao Luxemburgo, 18 à Holanda, 3 a Portugal, 20 ao Reino Unido, 3 à Espanha e 2 à Suécia. Actualmente,

Coloca-se, desde logo, uma questão preliminar, relativa ao âmbito de aplicação deste procedimento autorizativo.

Afigura-se pacífico que o procedimento vertente não abrange aqueles domínios em que a Sexta Directiva deixa aos Estados membros prerrogativas de opção e margens de livre actuação.

Nesta categoria incluem-se, por exemplo, as medidas adicionais relativas às obrigações declarativas estabelecidas para os sujeitos passivos do imposto, referidas pelo artigo 22.º, n.º 8 da Sexta Directiva[294]. Os Estados membros gozam, aí, de um espaço de discricionariedade que lhes permite consagrar, no seu direito interno, outras obrigações acessórias para além das previstas pela Directiva.

É, ainda o caso, quando as margens de livre conformação deixadas pela Directiva aos Estados são condicionadas, dependendo da verificação de determinados fundamentos ou circunstâncias, incluindo a imposição ao Estado membro do procedimento de consulta prévia ao Comité do IVA[295]. Enquadra-se

---

as derrogações são corporizadas em decisões do Conselho e objecto de publicação no Jornal Oficial, existindo listas ou tabelas, disponíveis no site oficial da Comissão Europeia, que contêm uma súmula de todas as derrogações existentes e em vigor.

[294] Segundo o artigo 22.º, n.ºs 8 e 9 da Sexta Directiva, no âmbito das obrigações declarativas:

"8. Sem prejuízo das disposições que venham a ser adoptadas por força do n.º 4 do artigo 17.º, os Estados-membros podem estabelecer outras obrigações que considerem necessárias no sentido de assegurar a cobrança correcta do imposto e de evitar a fraude.

9. Os Estados-membros podem dispensar os sujeitos passivos:

– de certas obrigações;

– de todas as obrigações, sempre que estes efectuem apenas operações isentas;

– de pagamento do imposto devido, quando o montante deste for insignificante."

[295] Comité criado nos moldes do artigo 29.º da Sexta Directiva.

nesta última hipótese o artigo 17.º, n.º 7 da Sexta Directiva, que prevê que os Estados membros excluam, parcial ou totalmente, do regime das deduções alguns ou todos os bens de investimento ou outros bens, por razões conjunturais, desde que procedam à consulta do Comité prevista no artigo 29.º.

Em qualquer dos sobreditos exemplos, estamos fora do âmbito do artigo 27.º, pois são as próprias normas comunitárias que contêm a permissão de afastamento do regime-regra, condicionada, ou não; com, ou sem consulta prévia ao Comité do IVA. Os problemas que aqui se podem suscitar não se referem a uma necessária autorização prévia ao abrigo do citado artigo 27.º da Directiva, mas apenas à verificação, *in casu,* da concordância das condições pressupostas pela Directiva para afastamento do regime-padrão ou do cumprimento do requisito da consulta prévia do Comité, quando aplicável.

Uma outra tipologia de situações excluídas do procedimento autorizativo respeita aos regimes especiais existentes nos Estados membros que tenham sido ressalvados à data de entrada em vigor da Directiva, com cláusulas de *'stand-still'*[296] [297].

---

[296] Vejam-se os artigos 27.º, n.º 5 e 17.º, n.º 6, segunda parte (da Sexta Directiva):

Artigo 17.º, n.º 6, II parte: *"Até à entrada em vigor das disposições acima referidas, os Estados-membros podem manter todas as exclusões previstas na legislação nacional respectiva no momento da entrada em vigor da presente directiva."*

Artigo 27.º, n.º 5: *"Os Estados-membros que, em 1 de Janeiro de 1977, apliquem medidas especiais do tipo das referidas no n.o 1 podem mantê-las, desde que as notifiquem à Comissão antes de 1 de Janeiro de 1978 e, quando se trate de medidas destinadas a simplificar a cobrança do imposto, desde que estejam em conformidade com o critério definido no n.º 1."*

[297] A manutenção destes regimes excepcionais está sujeita a uma cláusula de não retrocesso, ou seja, as legislações nacionais só podem ser alteradas, para futuro, se se aproximarem do objectivo da Sexta Directiva – o sistema comum. Veja-se o Acórdão, de 14 de Junho de 2001, do TJ no processo

Por maioria de razão, ficam, por fim, excluídas as áreas da competência exclusiva dos Estados membros. É o que ocorre com os regimes sancionatórios, de organização administrativa e com as garantias procedimentais e processuais.

Todavia, mesmo nestas circunstâncias, como atrás salientado, devem os Estados membros ter em consideração os princípios comunitários da proporcionalidade e eficácia por forma a, directa ou indirectamente, não causarem dificuldades excessivas ou complexidade desnecessária que conduzam à incompatibilidade de tais medidas de direito interno com o sistema comum instituído pela Sexta Directiva, por violação dos princípios da eficácia, da equivalência ou da proporcionalidade.

O artigo 27.º da Sexta Directiva constitui um corolário natural do acima identificado princípio geral de aplicação uniforme do Direito Comunitário e do carácter cogente das normas de incidência de IVA.

Está vedada a consagração de normas nacionais que modifiquem a disciplina comum do IVA, excepto quando a própria legislação comunitária conceda margens livre conformação aos Estados membros ou quando se deparem regimes específicos salvaguardados no momento de entrada em vigor da Sexta Directiva, através de cláusulas de *stand-still*[298]. É o que ocorre,

---

C-40/00, Comissão das Comunidades Europeias contra República Francesa, de que se retira o seguinte excerto (pontos 19 e 20): "*é manifesto que a lei francesa controvertida, ao excluir totalmente um direito à dedução do IVA, introduz uma alteração que afasta a legislação francesa do objectivo da Sexta Directiva. É aqui irrelevante que a alteração não alargue o âmbito das exclusões aplicáveis quando da entrada em vigor da Sexta Directiva. Assim, há que considerar que esta lei não está coberta pela derrogação prevista no artigo 17.º, n.º 6, segundo parágrafo, da Sexta Directiva e que viola o artigo 17.º, n.º 2, da mesma.*".

[298] Não fazemos neste ponto qualquer referência as áreas de competência exclusiva dos Estados membros, porquanto, pela natureza das coisas, não fazem parte integrante do sistema 'comum' do IVA, embora com ele tenham de ser compagináveis.

entre nós, com as proibições 'absolutas' do direito à dedução constantes do artigo 21.º do Código do IVA, que têm apoio no artigo 17.º, n.º 6, II parte da Sexta Directiva.

Neste ponto, importa clarificar que o procedimento autorizativo contemplado no artigo 27.º da Sexta Directiva não se confunde com, nem se justapõe, (a)o instituto do abuso do Direito Comunitário. Operam em âmbitos diferenciados.

Em primeiro lugar, este procedimento autorizativo visa a adopção de normas especiais anti abuso de direito interno que, em casos concretos e bem delimitados, excepcionem regras cogentes do sistema comum do IVA[299] e não é enquadrável em qualquer instituto anti-abusivo de carácter geral. Em regra, trata-se da introdução de presunções ou ficções que 'derrogam', para utilizar a terminologia comunitária, regimes imperativos, como é o caso da determinação do valor tributável para efeitos de IVA, ou do exercício do direito à dedução.

É usual que os Estados membros introduzam estas derrogações sem preverem a possibilidade de contraprova ou prova do contrário, por parte dos sujeitos passivos, quanto aos seus pressupostos justificativos. Tais regimes excepcionais, se autorizados pelo Conselho, aplicam-se independentemente da verificação *in casu* da evasão ou elisão fiscal que motivaram a sua implementação[300]. Assim, frequentemente, a autorização do artigo 27.º, quando concedida, dispensa o elemento intencional típico da fraude à lei, ou seja, é atribuída com fundamentos puramente objectivos.

---

[299] Também pode ter por objectivo a adopção de mecanismos de simplificação da cobrança do imposto, mas não é este o campo que nos ocupa.

[300] Mas nem sempre. Veja-se a Decisão n.º 2005/259/CE, do Conselho, de 14 de Março de 2005, que autoriza a República de Chipre a aplicar uma medida derrogatória do artigo 11.º da Sexta Directiva, na qual é pressuposto da própria derrogação a prova, '*através de um conjunto de factos*', de que laços de natureza familiar, comercial ou jurídica influenciaram a determinação da matéria colectável.

O princípio geral anti abusivo sobre que assenta o caso Halifax é bem diverso. Corresponde a um cânone hermenêutico de carácter geral que tem de ser observado na interpretação de todas e quaisquer normas comunitárias, em todos os Estados membros, segundo critérios e parâmetros uniformes. Não existe aqui qualquer norma excepcional ou princípio derrogatório da Sexta Directiva. Trata-se tão-somente da interpretação da Sexta Directiva à luz do seu espírito e finalidade próprias[301] [302] e não do afastamento excepcional de uma sua norma específica, pela legislação de um Estado membro.

Ao abrigo do citado procedimento os Estados membros podem adoptar normas especiais anti abuso em matéria de IVA, com as desvantagens genéricas apontadas na parte II, ponto 2.1.2 *supra* a esta metodologia de reacção anti elisiva. No caso particular do IVA, a estas desvantagens adiciona-se a desarmonia de soluções jurídicas implementadas nos diferentes Estados membros particularizando o sistema qualificado de 'comum'. Dito de outra forma, afrontando, em maior ou menor grau, o princípio geral de aplicação uniforme do Direito Comunitário. O que não ocorre com o princípio do abuso do Direito Comunitário.

Sem prejuízo do exposto, deve notar-se que a Directiva 2004/ /7/CE aprovou alterações ao mecanismo do artigo 27.º, aprofundando-o e introduzindo melhorias significativas, a começar

---

[301] Em situações de fraude à lei, se o direito reivindicado fosse conferido, os objectivos e resultados prosseguidos pelas disposições de direito comunitário ficariam frustrados.

[302] Coloca-se também no IVA a temática do carácter anti-sistémico das cláusulas especiais anti-abuso, cuja proliferação, graças ao mecanismo do artigo 27.º da Sexta Directiva, se encontra limitada. Pode aqui perguntar--se, à semelhança do que anteriormente se referiu, se a existência e aplicabilidade de uma cláusula especial afastará, quando os seus pressupostos não -se encontrem preenchidos, a aplicação de um princípio ou cláusula geral anti abuso. Parece-nos que não.

pela remoção da possibilidade de 'deferimento tácito' pelo Conselho dos pedidos formulados pelos Estados membros. Assim, desde que utilizado com parcimónia, pode constituir um instrumento de flexibilidade que permita dar resposta a situações graves de elisão, porventura conjunturais, que sejam específicas de um (ou poucos) Estado(s) membro(s) sem colocar em causa a modificação da Sexta Directiva[303]. É evidente que também pode (e deve) ser usado pelos Estados membros para combater a fraude fiscal[304], sendo que, na maioria dos casos, o é precisamente para situações de confronto directo da lei e não de elisão[305].

Noutra perspectiva, impõe uma fiscalização prévia das normas e medidas anti-abuso nacionais que se proponham alterar o regime da Sexta Directiva, controlando a sua necessidade e conveniência, bem como a tolerabilidade do impacto que o *ius singulare* causará no espaço comunitário. Permite, identicamente, detectar de forma eficiente situações padrão cuja ocorrência se replique em diversos Estados membros, e, em casos justificados, introduzir as modificações convenientes na Sexta Directiva[306].

---

[303] Acresce que podem ser estabelecidos limites temporais e, em regra são-no, pelo que, nestas circunstâncias, não existe o perigo de cristalização e perpetuação das medidas anti-sistémicas.

[304] A fraude fiscal que ora não nos ocupa, tem sido uma das áreas de intervenção mais activa das instâncias comunitárias. *Cfr.* o último Relatório da Comissão ao Conselho e ao Parlamento Europeu – COM (2004) 260 final de 16.4.2004 – sobre o recurso aos instrumentos de cooperação administrativa na luta contra a fraude no IVA.

[305] É o que já ocorre da análise da actual tabela de derrogações.

[306] São inúmeros os casos apreciados pelo TJ relativamente à adopção de medidas derrogatórias da Sexta Directiva, com finalidades anti-abusivas, pelos Estados membros. São eles, por ordem cronológica, a título ilustrativo: Comissão/Bélgica C-324/82; Direct Cosmetics C-5/84; Comissão/

Claro que os próprios actos comunitários que autorizem medidas derrogatórias da Sexta Directiva podem enfermar de vícios invalidantes, designadamente por violarem princípios do sistema comum do IVA, como o da proporcionalidade. Foi o que aconteceu no processo Ampafrance C-177/99, em que o TJ declarou a invalidade da Decisão 89/487/CEE, do Conselho, de 28 de Julho de 1989, que autorizava a República Francesa a aplicar uma medida derrogatória do artigo 17.º, n.º 6 da Sexta Directiva. Nestas circunstâncias, a invalidade do acto comunitário implica a inaplicabilidade da norma nacional excepcional (anti-abuso), por incompatibilidade com o preceituado na Sexta Directiva.

Por fim, importa referir que o tema da elisão em sede de IVA passou a constituir preocupação central das instituições comunitárias, dando origem a uma significativa proposta de alteração da Sexta Directiva, de 16 de Março de 2005 – COM(2005) 89 final. Na exposição de motivos salienta-se que os Estados membros se vêem cada vez mais confrontados com esquemas artificiais, que frequentemente envolvem uma série de operações, montadas unicamente com o objectivo de obter vantagens de IVA, quer mediante uma redução do IVA final, quer de um aumento do IVA recuperado. Embora o carácter artificial da cadeia de operações seja geralmente evidente, reconhece-se a dificuldade de juridicamente lutar contra o fenómeno elisivo

---

/Bélgica C-391/85; Comissão/Irlanda C-415/85; Comissão/Reino Unido C-416/85; Direct Cosmetics 2 C-138/86; Laughtons Photographs C-139//86; Boots C-126/88; Lennartz C-97/90; 'K'-Line C-131/91; BP Soupergaz C-62/93; Garage Molenheide C-286/94; Schepens C-340/95; B.R.D. C-401/95; Sanders C-47/96; Skripalle C-63/96; Kuweit Petroleum C-48/97; Ampafrance C-177/99; Sanofi Winthrop C-181/99; Walter Sudholz C-17/01; BAT International C-435/03; Heintz van Landewyck C-494/04.

de forma célere e eficaz, em particular numa abordagem casuística. Levanta-se, por conseguinte, a questão da resolução uníssona de problemas comuns a mais de um Estado membro que se propõe alcançar através da modificação da Sexta Directiva.

No âmago do fenómeno elisivo a proposta em apreço identifica como domínio de eleição a determinação do valor das operações, uma vez que este influencia directamente o montante do imposto a cobrar.

Visa-se, neste contexto, o aditamento de uma regra facultativa que autorize os Estados membros a reavaliar determinadas operações, sem prejuízo de esta possibilidade ser sujeita a limitações. Parte-se do princípio da cogência das normas de determinação do valor tributável das operações, pelo que as autoridades fiscais apenas podem interferir, pontualmente, em circunstâncias específicas de luta contra a 'fraude e evasão fiscais'. Prevê-se que apenas seja autorizada uma determinação *ex officio* do valor de uma operação se as partes estiverem relacionadas e se essa ligação, tiver conduzido a um valor da operação diferente do valor de mercado habitual, consistindo numa subavaliação ou numa sobreavaliação, e estiverem envolvidos sujeitos passivos que não tenham o direito à dedução integral do IVA.

Por último, a faculdade de re-determinar o valor tributável só poderá ser exercida se a 'subavaliação' ou 'sobreavaliação' do valor da transacção tiver conduzido a uma perda directa, real e duradoura de receitas fiscais, quer através de uma recuperação acrescida quer de uma redução do imposto não recuperável. Não se considera existir nenhuma perda de receitas fiscais quando a operação é efectuada por um sujeito passivo com pleno direito à dedução a outro sujeito passivo 'total', uma vez que o imposto aplicado à operação pode ser simplesmente reclamado e o valor tributável não tem qualquer impacto na recuperação do imposto.

Aguarda-se com expectativa a aprovação desta proposta, que abre a possibilidade de, no futuro, serem corrigidos os valores das operações realizadas entre partes relacionadas que não sejam *arm's lenght*, à semelhança do que se verifica actualmente nos impostos sobre o rendimento.

2.7. *A consulta ao Comité do IVA*

O Comité do IVA é um órgão consultivo criado para examinar os assuntos que sejam objecto de consulta prévia por força da Sexta Directiva[307] e analisar quaisquer questões colocadas pela Comissão ou pelos Estados membros relativas à aplicação dos preceitos comunitários em matéria de IVA.
Dispõe o artigo 29.º da Sexta Directiva:
"1. É instituído um Comité Consultivo do Imposto sobre o Valor Acrescentado, a seguir denominado «Comité».
2. O Comité será composto por representantes dos Estados-membros e da Comissão.
O Comité será presidido por um representante da Comissão.
O Secretariado do Comité será assegurado pelos serviços da Comissão.
3. O Comité estabelecerá o seu regulamento interno.
4. Para além dos assuntos que sejam objecto de consulta por força da presente directiva, o Comité examinará as questões suscitadas pelo seu presidente, seja por iniciativa deste seja a pedido do representante de um dos Estados-membros, relativas à aplicação das disposições comunitárias em matéria de imposto sobre o valor acrescentado."

---

[307] Como sucede com o artigo 17.º, n.º 7 da Sexta Directiva.

Não assiste a este Comité competência para emanar directrizes vinculativas, sem prejuízo de ter sido criada a possibilidade de os Estados membros publicarem as suas orientações[308].

Deste modo, o papel desempenhado pelo Comité não é constitutivo de juridicidade[309]. Não obstante, o Comité assume relevo no combate à elisão fiscal, através da aprovação de directrizes que, quando revistam carácter consensual, podem ser transformadas em propostas da Comissão ao Conselho, o qual as adoptará, por intermédio de Regulamento, como medidas necessárias à execução da Sexta Directiva, conforme preceituado pelo seu artigo 29.º-A, aditado pela recente Directiva 2004//7/CE, do Conselho, de 20 de Janeiro de 2004.

Foi esta a fórmula encontrada para atribuir às directrizes aprovadas pelo Comité do IVA um estatuto jurídico, embora 'indirecto', transformando-as em regras jurídicas vinculativas, como abordado no ponto seguinte.

2.8. *Medidas de execução: o artigo 29.º-A da Sexta Directiva e o Regulamento (CE) n.º 1777/2005*

Em recente alteração à Sexta Directiva, efectuada pela Directiva 2004/7/CE, de 20 de Janeiro, foi instituído um mecanismo

---

[308] Conforme é referido na proposta de Directiva apresentada pela Comissão COM(2003)335 final, de 10 de Junho de 2003. Note-se que as orientações do Comité não vinculam juridicamente os Estados membros nem podem ser apresentadas em tribunal, quer se trate de um tribunal nacional ou do Tribunal de Justiça.

[309] A Comissão Europeia tem vindo insistentemente a propor que seja alterado o estatuto do Comité no sentido de se tornar num comité de regulamentação. A sua proposta para este efeito remonta a 1997. Porém, os Estados membros são renitentes em retirar competências legislativas ao Conselho, mesmo que limitadas à execução ou regulamentação das normas da Sexta Directiva.

inovador que visa assegurar uma aplicação uniforme das normas do sistema comum IVA a todo o território da Comunidade Europeia. Trata-se de um modelo aproximado de interpretação autêntica das normas da Sexta Directiva, a efectivar através de Regulamento comunitário aprovado pelo Conselho, instrumento que, como já se referiu, é dotado de aplicabilidade directa.

A diferença em relação a uma verdadeira interpretação autêntica reside na ausência de efeitos *ex tunc*: as medidas de execução ou aplicação da Sexta Directiva assim adoptadas apenas são *"juridicamente vinculativas a partir da data de entrada em vigor do (...) regulamento e não prejudicam a validade da legislação e interpretação anteriormente adoptadas pelos Estados-Membros"*.

Em 17 de Outubro de 2005, na sequência da citada modificação da Sexta Directiva, foi aprovado, pela primeira vez, um regulamento comunitário contendo medidas de execução: o Regulamento (CE) N.º 1777/2005, do Conselho. Este diploma pretende dar uma resposta uniforme a determinadas questões de interpretação e aplicação do regime comum do IVA.

Não se encontra especificamente subjacente a este novo instrumento a finalidade anti-elisiva. De qualquer modo, a interpretação e aplicação uniformes do sistema do IVA no espaço comunitário conduzem a uma limitação potencial das condutas elisivas, em particular no âmbito de operações plurilocalizadas. A uniformidade dificulta a manipulação, pelos sujeitos passivos, dos critérios de conexão das operações nos diversos Estados membros e o consequente contorno das normas de conflitos de IVA[310][311]. O tempo encarregar-se-á de julgar a efectividade e alcance destas medidas de execução.

---

[310] Referimo-nos às normas que determinam a incidência espacial das transacções sujeitas a este imposto.

[311] Um outro efeito colateral deve ser apontado. Este novo instrumento pode evitar a proliferação de derrogações à Sexta Directiva e permitir reduzir as existentes.

IV. CONCLUSÕES – FORMAS DE REACÇÃO AO FENÓMENO ELISIVO NO IVA

A. PRELIMINARES

1. A ausência de um princípio geral ou instituto jurídico anti-elisivo, seja de construção jurisprudencial ou adoptado por via legislativa, permitiria que o ordenamento se prestasse a práticas elisivas, designadamente através de meios atípicos. Trata-se de um resultado com o qual a ordem jurídica não se pode conformar.

2. Ao longo deste trabalho, constatámos múltiplas modalidades de reacção da ordem jurídica comunitária e do direito interno ao fenómeno elisivo no IVA, quer revestindo carácter geral, quer especial.

3. Para os defensores de uma tipicidade fechada a aplicação de um princípio ou cláusula geral anti-abuso será sempre inconstitucional por violação do princípio da legalidade. Porém, defende-se, ao invés, a sua validade jurídica assente numa concepção de tipicidade aberta coordenada com a aplicação do princípio da igualdade, bem como numa distinção meramente gradativa da analogia em face da interpretação extensiva no processo hermenêutico.

4. Sendo o IVA um imposto de fonte comunitária, a aplicação do regime jurídico nacional deste imposto deverá ser realizada de acordo com o princípio da prevalência e primado do Direito Comunitário. Por conseguinte, a protecção anti-elisiva

do sistema comum do IVA apresenta dois planos: o do Direito Comunitário, compreendendo os princípios, normas e cânones hermenêuticos que o integram, e o da ordem jurídica interna.

5. Os órgãos nacionais estão adstritos à garantia de plena eficácia do Direito Comunitário, devendo desaplicar as normas nacionais quando colidentes.

6. O Direito Comunitário deve ser autónoma e uniformemente aplicado.

7. As normas de incidência, isenções, matéria colectável e deduções previstas na Sexta Directiva têm natureza cogente e devem transpostas pelos Estados membros e aplicadas em toda a Comunidade, com vista à realização do mercado único. Ou seja, são da competência exclusiva da Comunidade e vinculativas, nos seus exactos termos, para todos os Estados membros. Existe, todavia, um espaço de livre conformação normativa dos Estados membros, preenchido, quer pelos domínios em que a Sexta Directiva expressamente abdicou da imperatividade, prevendo prerrogativas de opção, quer por áreas que são da competência exclusiva dos Estados membros, como sejam as relativas aos regimes sancionatórios, de organização administrativa (incluindo o procedimento) e de contencioso.

B. SISTEMA COMUNITÁRIO

8. A estrutura das normas de incidência do IVA assenta em tipos amplíssimos, orientados por critérios económicos. Acresce que as disposições de Direito Comunitário em matéria de IVA devem ser interpretadas de acordo com o contexto em que se inscrevem, com as finalidades e a economia da Sexta Directiva, tendo especialmente em conta a *ratio legis* subjacente à norma ou ao regime em causa (interpretação teleológica). A conjugação

destes factores pode neutralizar manobras elisivas que se estribem em argumentos e conceitos formais.

9. Os conceitos utilizados pela Sexta Directiva do IVA são, em geral, considerados como noções autónomas de Direito Comunitário[312], não aprisionáveis pelos conceitos jurídicos vigentes nas ordens jurídicas internas dos Estados membros.

10. Foi desenvolvido pela jurisprudência do TJ um princípio geral de Direito Comunitário, anti-abusivo, especificamente aplicável ao IVA e com características semelhantes à do instituto da *fraus legis*. De acordo com a matriz comunitária, o princípio do '*Abuso do Direito*' é convocável se se verificar cumulativamente: (i) a anti-juridicidade do resultado obtido que ocorre quando, apesar do respeito formal da previsão normativa, se constata que o objectivo pretendido pela legislação do IVA não foi alcançado, e (ii) a intenção essencial, revelada por indícios objectivos, de obtenção de um benefício resultante da legislação comunitária, criando-se, para o efeito, os pressupostos indispensáveis.

11. Com o Acórdão proferido no processo Halifax o TJ confirma, em definitivo, a plena aplicabilidade do princípio geral comunitário do '*Abuso de Direito*' ao IVA.

12. A Sexta Directiva do IVA prevê, em alguns casos, a possibilidade de os Estados membros implementarem medidas especiais anti-abuso que excepcionem o regime comum deste imposto. Esta possibilidade pode depender:

(a) Da mera verificação de pressupostos pré-determinados pela Directiva;

(b) Da consulta prévia do Comité do IVA[313]; ou

---

[312] Excepto quando a própria Directiva disponha diversamente, como sucede com a definição de "terrenos para construção" que é remetida para os Estados membros.

[313] Artigo 29.º da Sexta Directiva.

(c) Do procedimento autorizativo previsto no artigo 27.º da Sexta Directiva.

13. Todas as medidas, nacionais ou de Direito Comunitário, que constituam desvios, especialidades ou excepções ao regime--regra consagrado pela Sexta Directiva do IVA, estão sujeitas ao escrutínio dos princípios do sistema comum do IVA, designadamente da eficácia, equivalência e proporcionalidade, sob pena de inaplicabilidade ou invalidade.

14. À partida, a prevenção da evasão e elisão fiscais permanecem, em primeira linha, na esfera de competência dos Estados membros[314]. No entanto, para além dos limites e condicionalismos jurídicos derivados da prevalência do Direito Comunitário, *maxime* no âmbito de normas imperativas, o artigo 35.º da Sexta Directiva prevê competências complementares da Comunidade que podem aqui ser invocadas[315].

C. NO DIREITO INTERNO

15. A utilização de institutos nacionais anti abusivos, gerais ou especiais, encontra-se, em matéria de IVA, sujeita a limitações de fonte comunitária.

---

[314] BEN TERRA e JULIE KAJUS, *A Guide to the European VAT Directives*, IBFD, Amsterdam, 2005, vol. 1 e vol. 4.

[315] Dispõe este preceito que: "*Em momento oportuno, no interesse do mercado comum, o Conselho deliberando por unanimidade, sob proposta da Comissão, e após parecer do Parlamento Europeu e do Comité Económico e Social, adoptará as directivas adequadas, tendo em vista completar o sistema comum do imposto sobre o valor acrescentado e, em especial, restringir progressivamente ou suprimir as medidas adoptadas pelos Estados-membros em derrogação deste sistema, em ordem a conseguir uma convergência dos sistemas nacionais do imposto sobre o valor acrescentado e assim preparar a realização do objectivo referido no artigo 4.º da Primeira Directiva do Conselho, de 11 de Abril de 1967.*".

16. Relativamente a uma cláusula geral anti-abusiva de direito interno, a mesma apenas será de admitir se o seu alcance for idêntico ao do princípio do *'Abuso do Direito'* erigido em princípio geral de Direito Comunitário e *'fiscalizável'* pelo TJ. Com efeito:
(a) Se a norma de direito interno for mais restritiva do que o princípio comunitário, este prevalecerá obrigatoriamente e atacará os negócios abusivos que não forem abrangidos pela cláusula nacional;
(b) Se a norma geral interna anti-elisiva for mais abrangente do que o princípio de Direito Comunitário em referência, ela irá por em causa operações que não são consideradas abusivas à luz do Direito Comunitário, pelo que não poderá aplicar-se contra este. É inoponível ou tem de ser reduzida à sua concordância com o princípio comunitário.

17. A Cláusula Geral Anti-Abuso (CGAA) constante do artigo 38.º, n.º 2 da LGT[316] contém dois requisitos que não são pressupostos pelo princípio geral anti-abusivo de Direito Comunitário, a saber: (i) que a conduta abusiva se consubstancie em actos jurídicos ou negócios jurídicos e (ii) que sejam utilizados

---

[316] Transcrevemos *infra* o citado normativo:

"Artigo 38.º
Ineficácia de actos e negócios jurídicos
1 – (...)
2 – São ineficazes no âmbito tributário os actos ou negócios jurídicos essencial ou principalmente dirigidos, por meios artificiosos ou fraudulentos e com abuso das formas jurídicas, à redução, eliminação ou diferimento temporal de impostos que seriam devidos em resultado de factos, actos ou negócios jurídicos de idêntico fim económico, ou à obtenção de vantagens fiscais que não seriam alcançadas, total ou parcialmente, sem utilização desses meios, efectuando-se então a tributação de acordo com as normas aplicáveis na sua ausência e não se produzindo as vantagens fiscais referidas."

meios artificiosos ou fraudulentos e com abuso das formas jurídicas. Ao ter um domínio de aplicação restringido, à face do Direito Comunitário, esta norma não só nada acrescenta, como se revela incompatível com o sistema comum do IVA, sem prejuízo de se reconhecer que a utilização de meios artificiosos constitui um importante indício objectivo da intenção fraudatória, esta sim elemento subjectivo essencial. O princípio geral anti-abusivo do IVA é mais amplo do que o previsto na CGAA e sobre esta prevalece obrigatoriamente.

18. Aliás, no tocante a operações transfronteiriças está frequentemente em causa é uma modalidade de elisão não reconduzível ao abuso de direito na escolha da forma jurídica de "*actos ou negócios*" e que se traduz na manipulação artificial dos elementos de conexão que circunscrevem o campo de aplicabilidade espacial da lei. O sistema comum do IVA não admite tal restrição.

19. Em matéria de institutos especiais anti abusivos, em tese geral não sufragados atento o seu carácter anti-sistémico, importa distinguir. No espaço de livre conformação normativa dos Estados membros, que, reitera-se, no sistema comum do IVA é severamente circunscrito, dada a natureza cogente da maior parte das regras relativas aos elementos fundamentais deste imposto, estes institutos, apesar de juridicamente admissíveis, estão, ainda assim, condicionados pelos princípios comunitários, de que se destacam a equivalência, eficácia e proporcionalidade. Com os quais não podem colidir.

20. No âmbito das normas imperativas do sistema comum do IVA plasmadas na Sexta Directiva, apenas a título excepcional, e mediante procedimento autorizativo prévio, é de equacionar a adopção de normas especiais anti-abuso nacionais que representem desvios ao regime-regra. Esta possibilidade tem sido utilizada com parcimónia por Portugal e é fortemente limitada pelo princípio de aplicação uniforme do Direito Comunitário.

21. Como consequência, as correcções à matéria colectável de IRC no âmbito de relações especiais ou preços de transferência não são transponíveis para efeitos de IVA.

22. A compressão que o Direito Comunitário exerce sobre a ordem jurídica interna, limitando as opções do legislador nacional em matéria de IVA não tem necessariamente consequências adversas no combate à elisão deste imposto. O Direito Comunitário contém princípios e normas jurídicas que permitem alcançar tal objectivo de forma eficiente e optimizada. Foram estes descritos ao longo deste trabalho[317] [318].

★ ★ ★

---

[317] Não chegámos a abordar os mecanismos de assistência mútua entre as Administrações dos diversos Estados membros previstos em regulamentos comunitários, porquanto os mesmos configuram eminentemente instrumentos administrativos de combate à evasão e fraude fiscal. Porém, não é de descartar que possam ter algum desempenho no acompanhamento e detecção de manobras elisivas de alcance internacional.

[318] Questão diversa consistirá em saber se o Direito Comunitário tem sido aplicado pelos órgãos nacionais e aproveitadas as suas potencialidades anti elisivas.

BIBLIOGRAFIA

ABGABENORDNUNG, 2000 – *Ordenanza Tributaria Alemana*, trad. castelhana de Carla Schuster, Editorial Colex, 2001;

ABREU, Jorge Manuel Coutinho de, *Do Abuso de Direito*, 2.ª edição, Almedina, 1999;

ACKERMAN, R., et ALII, "The Advance Princing Agreement (APA) Program: a Model Alternative Dispute Resolution Process", *in Tax Management-Transfer Pricing Special Report*, nr. 9, vol. 2, nr. 15, December 1995;

ACKERMAN, R. and HOBSTER, J., "Transfer Pricing Practices, Perspectives, and Trends in 22 Countries", *in Tax Notes International, 24*, December 17, 2001;

ALEXANDRE, Mário, "A Harmonização do IVA: Objectivos e Estratégias", *in Ciência e Técnica Fiscal* n.º 390, Centro de Estudos Fiscais, Abr.-Jun. 1998;

ALEXY, Robert, *Teoria dell'Argomentazione Giuridica*, trad. italiana de Cosimo Marco Mazzoni e Vincenzo Varano, Giuffrè, 1998;

ALEXY, Robert, *A Theory of Constitutional Rights* (1986), trad. britânica de Julien Rivers, Oxford University Press, reimpressão 2004;

AMATUCCI, Andrea, "L'interpretazione della legge tributaria", *in Tratatto di Diritto Tributario*, I Vol., II Tomo, CEDAM, Padova, 1994;

ANDRADE, José Carlos Vieira de, *Direito Administrativo e Fiscal*, lições policopiadas, Faculdade de Direito da Universidade de Coimbra, ano lectivo 1996/1997;

ANDRADE, José Carlos Vieira de, *Os Direitos Fundamentais na Constituição Portuguesa de 1976*, 2.ª edição, Almedina, Coimbra, 2001;

ANDRADE, Manuel Domingues de, *Teoria Geral da Relação Jurídica*, Vol. II, Almedina, 9.ª reimpressão, Coimbra, 2003;

ARRAIZ, Javier Perez, *El Fraude de Ley en el Derecho Tributario*, Tirant lo Blanch, Valência, 1996;

ASCENSÃO, José de Oliveira, *O Direito – Introdução e Teoria Geral*, 7ª edição, Almedina, 1993;

ASCENSÃO, José de Oliveira, "Interpretação de leis. Integração de lacunas. Aplicação do princípio da analogia", *in Revista da Ordem dos Advogados*, Ano 57 – III, Lisboa, Dezembro 1997;

AVERY JONES, J. F., "Nothing either good or bad, but thinking makes it so – The mental element in anti-avoidance legislation – I", *in British Tax Review*, n.º 1, Sweet & Maxwell, 1983;

Avery Jones, J. F., "Nothing either good or bad, but thinking makes it so – The mental element in anti-avoidance legislation – II", in *British Tax Review*, n.º 2, Sweet & Maxwell, 1983;

Avery Jones, J. F., "Tax Law: Rules or Principles", in *Fiscal Studies*, Vol. 17, n.º 3, IFS, 1996;

Ayala, José Luiz Perez de, "Función Tributaria, Procedimiento de Gestion y Expediente por Fraude a la Ley Fiscal", in *Ciência e Técnica Fiscal* n.º 159, Centro de Estudos Fiscais, Lisboa, Março de 1972;

Ayala; José Luiz Perez, Becerril, Miguel Perez de Ayala, *Fundamentos de Derecho Tributario*, 4.ª Edicion, Edersa, 2003;

Baker, Philip, "Recent Developments in the Interpretation and Application of Double Taxation Conventions", in *Fiscalidade*, n.º 4, ISG, Outubro de 2000;

Basto, Guilherme Xavier de, "A Fiscalidade Indirecta na Comunidade Económica Europeia – O Imposto sobre o Valor Acrescentado" in *Temas de Direito Comunitário – Revista da Ordem dos Advogados*, Lisboa, 1983;

Basto, Guilherme Xavier de, *A Tributação do Consumo e a sua Coordenação Internacional*, Cadernos de Ciência e Técnica Fiscal n.º 164, Centro de Estudos Fiscais, Lisboa, 1991;

Bernstein, Jack, "Canadian Supreme Court's Pronouncement on GAAR: a Return to Uncertainty", in *Tax Notes International*, Vol. 40, no. 5, 2005;

Brennan, Pascal, "Why the ECJ Should not Follow Advocate General Maduro's Opinion in Halifax", in *International VAT Monitor*, IBFD, July//August 2005;

Campos, Diogo Leite de, "Interpretação das Normas Fiscais", in *Problemas Fundamentais do Direito Tributário*, Vislis Editores, 1999;

Campos, Diogo Leite de, "Evasão Fiscal, Fraude Fiscal e Prevenção Fiscal", in *Problemas Fundamentais do Direito Tributário*, Vislis Editores, 1999;

Campos, Diogo Leite de, Silva Rodrigues, Benjamim, Lopes de Sousa, Jorge, *Lei Geral Tributária Comentada e Anotada*, Vislis Editores, 1999;

Canaris, Claus Wilhelm, *Pensamento Sistemático e Conceito de Sistema na Ciência do Direito* (1983), trad. A. Menezes Cordeiro, Fundação Calouste Gulbenkian, Lisboa, 1989;

Canotilho, J. J. Gomes, *Direito Constitucional e Teoria da Constituição*, 5.ª edição, Almedina, 2002;

Capdevila, Enrique Fonseca, "Los negocios anomalos ante el Derecho Tributário: perspectiva de futuro", in *Crónica Tributaria* n.º 100, IEF, Madrid, 2001, disponível igualmente em www.minhac.es/ief;

Carmini, Stefano, *Il Diritto Tributario Comunitario e la sua Atuazione in Italia*, Seconda Edizione, CEDAM, Padova, 2002;

CIPOLLINA, Sílvia, *La Legge Civile e la Legge Fiscale: il Problema dell'Elusione Fiscale*, CEDAM, Padova, 1992;

CORDEIRO, António Menezes, *Tratado de Direito Civil Português*, I, Parte Geral, Tomo 1, Coimbra, 1999;

CORDEIRO, António Menezes, *Da Boa Fé no Direito Civil*, Vol. II, Colecção Teses, Almedina, 1984;

CORDEIRO, António Menezes, "Notas Breves sobre a Fraude à Lei", *in Estudos por ocasião do XXX aniversário do Centro de Estudos Fiscais*, Lisboa, 1993;

CORTE-REAL, Carlos Pamplona, "As Garantias dos Contribuintes", *in Ciência e Técnica Fiscal* n.º 322-324, Out.-Dez. 1985, Centro de Estudos Fiscais, Lisboa;

CORTE-REAL, Carlos Pamplona, "A Interpretação Extensiva como Processo de Reprimir a Fraude à Lei no Direito Fiscal Português", *in Ciência e Técnica Fiscal* n.º 152-153, Ago.-Set 1971, Centro de Estudos Fiscais, Lisboa;

CORTE-REAL, Carlos Pamplona, *Curso de Direito Fiscal*, I. Volume, Cadernos de Ciência e Técnica Fiscal n.º 124, 1982;

COSTA, Joaquim Pedro Cardoso da, "A Evasão e Fraude Fiscais face à Teoria da Interpretação da Lei Fiscal", *in Fisco* n.º 74/75, 1996;

COSTA, Mário Júlio de Almeida, *Direito das Obrigações*, 5.ª edição, Almedina, Coimbra, 1991;

COURINHA, Gustavo Lopes, *A Cláusula Geral Anti-abuso no Direito Tributário: Contributos para a sua Compreensão*, Coimbra, Almedina, 2004;

COZIAN, Maurice, *Précis de Fiscalité des Entreprises 2003/2004*, 27.e édition, Paris, Litec, 2003;

CUNHA, Patrícia Noiret, *Imposto sobre o Valor Acrescentado – Anotações ao Código do Imposto sobre o Valor Acrescentado Valor Acrescentado ao Regime do IVA nas Transacções Intracomunitárias*, ISG, 2004;

DAVID, Cyrille, "L'Abus de Droit en Alemagne, en France, en Italie, aux Pays--Bas e au Royaume-Uni (essai de comparaison fiscal)", *in Rivista di Diritto Finanziario e Scienza delle Finanze*, LII, 2, I, 1993;

DÓRIA, António Roberto Sampaio, "A Evasão Fiscal Legítima: Conceito e Problemas", *in Ciência e Técnica Fiscal* n.º 143, Centro de Estudos Fiscais, Lisboa, Novembro 1970;

DOURADO, Ana Paula, "O Princípio da Legalidade Fiscal na Constituição Portuguesa", *in Ciência e Técnica Fiscal* n.º 379, Centro de Estudos Fiscais, Lisboa, Jul-Set 1995;

DUARTE, Maria Luísa, "A Aplicação Jurisdicional do Princípio da Subsidiariedade no Direito Comunitário, Pressupostos e Limites", *in Separata de Estudos Jurídicos e Económicos em Homenagem ao Professor João Lumbrales*, Coimbra Editora, 2000, pp. 779 a 813;

DUARTE, Maria Luísa, *Direito da União Europeia e das Comunidades Europeias*, Vol. I, Tomo 1, Instituições e Órgãos Procedimentos de Decisão, Lisboa, Lex, 2001;

DUARTE, Rui Pinto, *Tipicidade e Atipicidade dos Contratos*, Almedina, 2000;

DWORKIN, Ronald, *Taking Rights Seriously*, London, Duckworth, 1977;

ENGISH, Karl, *Introdução ao Pensamento Jurídico* (1983), trad. J. Baptista Machado, 9ª Edição, Fundação Calouste Gulbenkian, 2004;

EZCURRA, Marta Villar, "Exigencias del Derecho Comunitário a la Metodologia del Derecho Financiero y Tributario", *in Crónica Tributaria* n.º 100, 2001, disponível em www.ief.es;

EZCURRA, Marta Villar, "Elusión Fiscal: La Experiência de España", *in Ciência e Técnica Fiscal* n.º 404, Centro de Estudos e Apoio às Políticas Tributárias, Outubro-Dezembro 2001;

FALLON, Marc, *Droit Matériel Général de l'Union Européenne*, 2e Edition, Academia Bruylant, Louvain-la-Neuve, Agosto de 2002;

FALSITTA, Gaspare, *Manuale Di Diritto Tributario*, CEDAM, Padova, 2003;

FAVEIRO, Vítor António Duarte, *A Forma Jurídica dos Factos Tributários*, Separata n.º 19 do Boletim da DGCI, Lisboa, 1960;

FAVEIRO, Vítor António Duarte, "Observações sobre a Problemática do Valor Formal dos Actos Jurídicos Condicionante do Poder de Qualificação dos Factos Tributários", *in Ciência e Técnica Fiscal* n.º 176, Jun 1971;

FAVEIRO, Vítor António Duarte, *O Estatuto do Contribuinte*, A Pessoa do Contribuinte no Estado Social de Direito, Coimbra Editora, 2002;

FERNANDES, Luís Carvalho, "Alcance do Regime do Artigo 32.º-A do Código de Processo Tributário e a Simulação Fiscal", *in Direito e Justiça*, Vol. XIII, Tomo 2, Lisboa, 1999;

FERNANDES, Luís Carvalho, *Teoria Geral do Direito Civil*, Vol. II, 3.ª edição, Universidade Católica Editora,, Lisboa, 2001;

FERRARA, Francesco, *Interpretação e Aplicação das Leis*, trad. de Manuel A. Domingues de Andrade, Arménio Amado – Editor, Sucessor, 3ª edição, Coimbra, 1978;

FERREIRA, Eduardo Paz, FERREIRA, Rogério M. Fernandes, AMADOR, Olívio A. Mota, *Textos de Jurisprudência Fiscal Constitucional*, Vol. I, Tomo I, AAFDL, 1997;

FILIPPI, Piera, "L'Imposta sul Valore Aggiunto", *in Trattato di Diritto Tributario*, IV Vol., Seconde Edizione, CEDAM, Padova, 2001;

FRADA, Manuel António de Castro Portugal Carneiro da, *Teoria da Confiança e Responsabilidade Civil*, Almedina, 2004;

GAMA, João Taborda da, "Acto Elisivo, Acto Lesivo – Notas sobre a Admissibilidade do Combate à Elisão Fiscal no Ordenamento Jurídico Português", *in Revista da Faculdade de Direito da Universidade de Lisboa*, Vol. XL, n.ºs 1 e 2, Coimbra Editora, 1999;

GIANNINI, M. S., "L'Interpretazione e la Integrazione delle Leggi Tributarie" *in Rivista di Diritto Finanziario e Scienza delle Finanze*, 1941;

GOMES, Carla Amado, "Evolução do Conceito de Soberania Tendências Recentes", *in Ciência e Técnica Fiscal* n.º 399, Centro de Estudos Fiscais, Lisboa, Jul-Set 2000;

GOMES, Nuno Sá, *Manual de Direito Fiscal* – Vol. I, 9ª edição, Editora Rei dos Livros, 1998;

GOMES, Nuno Sá, *Lições de Direito Fiscal*, II Volume, Cadernos de Ciência e Técnica Fiscal, n.º 174, 1996;

GOMES, Nuno Sá, *Evasão Fiscal, Infracção Fiscal e Processo Penal*, Cadernos de Ciência e Técnica Fiscal, n.º 177, Lisboa, 1997;

GOMES, Nuno Sá, "As Garantias dos Contribuintes: Algumas Questões em Aberto", *in Ciência e Técnica Fiscal* n.º 371, Jul-Set 1993;

GONZÁLEZ, Eusébio, "Nuevos Caminos en Torno al Viejo Propósito de Burlar la Ley Tributaria", *in Estudos em Homenagem ao Prof. Dr. Pedro Soares Martinez*, 2, Almedina, 2000;

GORJÃO-HENRIQUES, Miguel, *Direito Comunitário – Sumários Desenvolvidos*, 2.ª edição, Almedina, 2002;

GOULARD, Guillaume, "L'Abus de Droit à la Lumière du Droit Communautaire: à Propôs de l'Arrêt CE, 18 Mai 2005, SA Sagal", *in Revue de Droit Fiscal*, Paris, Vol. 57, no. 44-45, 3 Novembre 2005;

GOUVEIA, Jorge Bacelar, "A Evasão Fiscal na Interpretação e Integração da Lei Fiscal", *in Ciência e Técnica Fiscal* n.º 373, Lisboa, Jan.-Mar. 1994;

GRASSI, Stefano / BRACO, Stefano Cosimo de, *La Trasparenza Amministrativa nel Procedimento di Accertamento Tributario, I Rapporti tra Fisco e Contribuente*, CEDAM, Padova, 1999;

GROSSFELD, Bernhard, *International Financial Reporting Standards: European Corporate Governance* (cedido pelo autor na Conferência promovida pela Universidade Nova em 15 de Dezembro de 2005: O Direito do Balanço e as Normas Internacionais de Relato Financeiro);

GUERREIRO, António Lima, *Lei Geral Tributária Anotada*, Editora Rei dos Livros, 2001;

GUERREIRO, Tiago Caiado, "As Normas Antiabuso Gerais e Especiais e o Comércio Electrónico – Algumas Considerações", *in Vida Judiciária*, n.º 40, Outubro de 2000;

GUIMARÃES, Vasco Branco, *Retroactividade da Lei Fiscal Admissibilidade e Limites*, AAFDL, 1993;

GUIMARÃES, Vasco Branco, "A Estrutura da Obrigação de Imposto e os Princípios Constitucionais da Legalidade, Segurança Jurídica e Protecção da Confiança", in *Cadernos de Ciência e Técnica Fiscal* n.º 171 – Estudos em Homenagem à Dra. M.I.C. e Vale, Lisboa, Centro de Estudos Fiscais, 1995;

HILTEN, Mariken E. Van, "The Legal Character of VAT", in *Selected Issues in European Tax Law*, Kluwer Law International, 1999;

International Chamber of Commerce – Commission on Taxation, *Application of Anti-Avoidance Rules in the Field of Taxation*, June 2000, www.iccwbo.org;

JONES; B./LUNGARELLA, L., "Definition of 'Business Purpose' is Central to Halifax Decision", in *International Tax Review*, London, Vol. 16 (2005), nr. 9;

KOGELS, Han, "VAT on Internationally Traded Services and Intangibles – A First Step Toward OECD Guidelines", in *Bulletin for International Taxation*, Volume 60 – Number 8/9, IBFD, August/September, 2006;

KRUSE, Heinrich Wilhelm, *Derecho Tributario: Parte General*, 3ª edición, trad. castelhana de Perfecto Yebra Martul-Ortega, Madrid, Editoriales de Derecho Reunidas, 1973;

KRUSE, Heinrich Wilhelm, "Il Risparmio d'Imposta, l'Elusione Fiscale e l'Evasione", in *Trattato di Diritto Tributario*, III Vol., CEDAM, Padova, 1994;

LAPATZA, José Juan Ferreiro, "Ensayos sobre Metodologia y Técnica Jurídica en el Derecho Financiero y Tributario", in *Crónica Tributaria* no. 68, IEF, Madrid, 1993;

LAPATZA, José Juan Ferreiro, et alii, *Curso de Derecho Financiero Español, Vol. II, Derecho Tributario, Parte General, 24º edición* Marcial Pons, Madrid, 2004;

LAPATZA, José Juan Ferreiro, ALBALAT, Susana Sartorio, *Curso de Derecho Financiero Español, Vol. III, Derecho Tributario, Parte Especial, 24º edición*, Marcial Pons, Madrid, 2004;

LARENZ, Karl, *Metodologia da Ciência do Direito*, 3.ª edição (Trad. de José Lamego), Fundação Calouste Gulbenkian, Lisboa, 1997;

LEITÃO, Luís Menezes, "As Tendências da Reforma Fiscal: Mais ou Menos Garantias para os Contribuintes", in *Fiscalidade* n.º 4, ISG, Outubro 2000;

LEITÃO, Luís Menezes, "A Evasão e a Fraude Fiscais face à Teoria da Interpretação da Lei Fiscal", in *Fisco* n.º 32, 1991;

LEITÃO, Luís Menezes, "A Introdução na Legislação Portuguesa de Medidas Destinadas a Reprimir a Evasão Fiscal Internacional: o Decreto-lei n.º 37/95, de 14 de Fevereiro", in *Ciência e Técnica Fiscal* n.º 377, Jan-Mar 1995;

LEITÃO, Luís Menezes, "Interpretação de Benefícios Fiscais – Anotação ao Acórdão de 30 de Outubro de 1991 do STA (Secção de Contencioso Tributário), in *Estudos de Direito Fiscal*, Almedina, 1999;

LEITÃO, Luís Menezes, "Evasão e Fraude Fiscal Internacional", in *Estudos de Direito Fiscal*, Almedina, 1999;

LOUREIRO, João Carlos Simões Gonçalves, O Procedimento Administrativo entre a Eficiência e a Garantia dos Particulares, in Boletim da Faculdade de Direito da Universidade de Coimbra, Studia Iuridica 13, Coimbra Editora, 1995;
MACHADO, João Baptista, Introdução ao Direito e ao Discurso Legitimador, Almedina, Coimbra, 1983;
MACHADO, João Baptista, Lições de Direito Internacional Privado, 4.ª edição, Coimbra, 1990;
MACHETE, Pedro, A Audiência dos Interessados no Procedimento Administrativo, Universidade Católica Portuguesa, 1996;
MACHETE, Pedro, "A Audição Prévia do Contribuinte" in Problemas Fundamentais do Direito Tributário, Vislis Editores, 1999;
MALHERBE, Jacques, PALMA, Clotilde Celorico, "La TVA Européenne sur les services fournis par voie électronique régime général et application dans la région autonome de Madère" in Journal de Droit Fiscal, Bruxelles, Vol. 78, no.9-10, 2004;
MARTINEZ, Pedro Soares, Direito Fiscal, Almedina, Coimbra, 1993;
MASSON, Charles Robbez, La Notion d'Évasion Fiscale en Droit Interne Français, Bibliothèque de Science Financière, Tome 29, LGDJ, Paris, 1990;
MELIS, GIUSEPPE, L'Interpretazione nel Diritto Tributario, CEDAM, Padova, 2003;
Melo, Barbosa de, Sobre o Problema da Competência para Assentar, Coimbra, pol., 1983;
MENDES, João de Castro, Teoria Geral do Direito Civil, AAFDL, 1978-1979, 2 volumes;
MESQUITA, Maria José Rangel de, O Poder Sancionatório da União e das Comunidades Europeias sobre os Estados Membros, 2 volumes, Lisboa, polic. FDL, 2003;
MITA, Enrico de, Principi di Diritto Tributario, Terza edizione, Giuffrè, Milano, 2002;
MITA, Enrico de, Interesse Fiscale e Tutela del Contribuente, Le Garanzie Costituzionali, Quarta edizione, Giuffrè, Milano, 2000;
MORAIS, Rui Duarte, Imputação de Lucros de Sociedades não Residentes Sujeitas a um Regime Fiscal Privilegiado, Publicações Universidade Católica, Porto, 2005;
MURRAY, Matthew N., FOX, William F., The Sales Tax in the 21st Century, Westport, Connecticut, London, Praeger, 1997;
NABAIS, José Casalta, O Dever Fundamental de Pagar Impostos, Almedina, Coimbra, 1998;
NABAIS, José Casalta, Direito Fiscal, 2.ª edição, Almedina, Coimbra, 2003;
NABAIS, José Casalta, Estudos de Direito Fiscal, Almedina, Coimbra, 2005;

Neves, António Castanheira, *O Actual Problema Metodológico da Interpretação Jurídica – I*, Coimbra Editora, 2003;
Novais; Jorge Reis, As Restrições aos Direitos Fundamentais não Expressamente Autorizadas pela Constituição, Coimbra Editora, 2003;
Nunes, Gonçalo Avelãs, "A Cláusula Geral Anti-Abuso de Direito em Sede Fiscal – Art. 38.°, n.° 2 da Lei Geral Tributária – à Luz dos Princípios Constitucionais do Direito Fiscal", *in Fiscalidade* n.° 3, Julho 2000, ISG;
Oliveira, Mário Esteves de, Gonçalves, Pedro Costa, Amorim, João Pacheco de, *Código do Procedimento Administrativo Comentado*, 2ª edição, Almedina, Coimbra, 1998;
Osterloh, Lerke, "Il Diritto Tributario ed il Diritto Privato", *in Trattato di Diritto Tributario*, I Vol., I Tomo, CEDAM, Padova, 1994;
Otero, Paulo, *Legalidade e Administração Pública: o Sentido da Vinculação Administrativa à Juridicidade*, Almedina, 2003;
Palma, Clotilde Celorico, "A Interpretação das Normas Fiscais – Anotação ao Acórdão de 15 de Dezembro de 1993 do STA (Secção de Contencioso Tributário)", *in Fisco* n.° 68, 1994;
Palma, Clotilde Celorico, *Introdução ao Imposto sobre o Valor Acrescentado*, 2.ª edição. Almedina, 2005;
Pardal, Francisco Rodrigues, "O Uso de Presunções no Direito Tributário", in *Ciência e Técnica Fiscal* n.° 325-327, Centro de Estudos Fiscais, Lisboa, Janeiro-Março 1986;
Pereira, Paula Rosado, *A Tributação das Sociedades na União Europeia, Entraves Fiscais ao Mercado Interno e Estratégias de Actuação Comunitária*, Almedina, 2004;
Pinto, Paulo Mota, "Sobre a Proibição do Comportamento Contraditório (Venire contra Factum Proprium) no Direito Civil", *in Volume Comemorativo do 75° Aniversário do Boletim da Faculdade de Direito de Coimbra*, 2003;
Pires, Manuel, "Evasão Fiscal", *in Polis*, Volume 2.°;
Pires, Manuel, "Harmonização Fiscal Face à Internacionalização da Economia: Experiências Recentes", *in A Internacionalização da Economia e a Fiscalidade*, Centro de Estudos Fiscais, Lisboa, 1993;
Pires, Manuel, "International Tax Evasion and Avoidance", *in Rivista di Diritto Tributario Internazionale*, n.° 2 – 99, maggio-agosto, ETI, Roma, 1999;
Porto, Manuel Carlos Lopes, *Teoria da Integração e Políticas Comunitárias*, 3.ª edição, Almedina, 2001;
Provedor de Justiça, "Recomendação Relativa aos Artigos 32.°-A do CPT e 25.° do CIRS" *in Fisco* n.° 86/87, Ano X, Lex, Novembro/Dezembro 99;
Queralt, Juan Martín, Serrano, Carmelo Lozano, Blanco, Francisco Poveda, *Derecho Tributario*, Pamplona, Aranzadi, 2005;

Roda, Carmen Boldó, *Levantamento del Velo y Persona Jurídica en el Derecho Privado Español*, Pamplona, Aranzadi, 1996;

Rosembuj, Tulio, *El Fraude de Ley, la Simulation y el Abuso de las Formas en el Derecho Tributario*, segunda edición, Marcial Pons – Monografias Jurídicas, 1999;

Sá, Fernando Augusto Cunha de, *Abuso do Direito*, 1973, 2.ª reimpressão, Almedina;

Sanches, José Luís Saldanha, "A Segurança Jurídica no Estado Social de Direito, Conceitos Indeterminados, Analogia e Retroactividade no Direito Tributário", in *Ciência e Técnica Fiscal* n.º 310-312, 1984;

Sanches, José Luís Saldanha, "Os Conceitos no Direito Fiscal", in *Fisco* n.º 61, Janeiro de 1994;

Sanches, José Luís Saldanha, "A Interpretação da Lei Fiscal e o Abuso de Direito – Anotação ao Acórdão de 21 de Junho de 1995 do STA (Secção de Contencioso Tributário)", in *Fisco* n.ºs 74/75, 1996;

Sanches, José Luís Saldanha, "O Abuso de Direito em Matéria Fiscal: Natureza, Alcance e Limites", in *Ciência e Técnica Fiscal* n.º 398, Centro de Estudos Fiscais, Lisboa, Abr.-Jun. 2000;

Sanches, José Luís Saldanha, "Abuso de Direito e Abusos da Jurisprudência", in *Fiscalidade* n.º 4, ISG, Outubro 2000;

Sanches, José Luís Saldanha, *Estudos de Direito Contabilístico e Fiscal*, Coimbra Editora, 2000;

Sanches, José Luís Saldanha, *Manual de Direito Fiscal*, 2.ª edição, Coimbra Editora, 2002;

Sánchez, Manuel González, *Impuesto sobre el Valor Añadido Operaciones Sujetas*, Aranzadi, 1993;

Santos, José Beleza dos, *A Simulação em Direito Civil*, 1.º Vol., Coimbra Editora, 1921;

Scuffi, Massimo, "I Rapporti tra la Giurisdizione Tributaria e l'Ordinamento Comunitario: i Poteri del Giudice Tributario nell'Interpretazione ed Applicazione del Diritto Comunitario" in *Il Fisco*, Roma, n.42, fasc. n. 1, 2005;

Schön, Wolfgang, "International Accounting Standards – a "Starting Point" for a Common European Tax Base?" in *European Taxation*, Amsterdam, Vol. 44, no. 10, 2004;

Schön, Wolfgang, "The David R. Tillinghast Lecture: the Odd Couple: a Common Future for Financial and Tax Accounting?" in *Tax Law Review*, New York, Vol. 58, no. 2, 2005;

Silva, Miguel Moura e, Direito Comunitário I, Jurisprudência, Questões e Notas, Tomo 1 – Direito Institucional e Ordem Jurídica Comunitária, AAFDL, Lisboa, 2000;

SIMONS, Fons, "The Theory on General Principles of Justice", *in Selected Issues in European Tax Law*, Kluwer Law International, 1999;

SMITH, Adam, *An Inquiry into the Nature and Causes of the Wealth of Nations*, London, ed. Edwin Cannan, Fifth edition (1789), republished in 1904, by Methuen & Co. Ltd..Versão online: http://www.econlib.org/LIBRARY.

SOARES, António Goucha, *Repartição de Competências e Preempção no Direito Comunitário*, Cosmos, Lisboa, 1996;

SOUSA, Jorge Lopes de, *Código de Procedimento e de Processo Tributário Anotado*, 4.ª edição,Vislis, 2003;

SWINKELS, Joep, "CombatingVAT Avoidance", *in International VAT Monitor*, July//August 2005, IBFD;

TABOADA, Carlos Palao, "Algunos Problemas que Plantea la Aplicación de la Norma Española sobre el Fraude a la Ley Tributaria", *in Seminário Fernando Sainz de Bujanda*, Instituto de Estudios Fiscales, Madrid, 2001, disponível em www.ief.es;

TERRA, Ben, *The Place of Supply in European VAT*, Kluwer Law Internacional, 1998;

TERRA, Ben, WATTEL, Peter, *European Tax Law*, Kluwer Law International,Third Edition,The Hague, 2001;

TERRA, Ben, KAJUS, Julie, *A Guide to the European VAT Directives*, IBFD, Amsterdam, 2005, vol. 1-4;

TIPKE, Klaus, La Retroattività nel Diritto Tributario, *in Trattato di Diritto Tributario*, I Vol., I Tomo, CEDAM, Padova, 1994;

TINELLI, Giuseppe, *Istituzioni di Diritto Tributario*, CEDAM, Padova, 2003;

TORRES, Manuel Anselmo, "A Simulação na Lei Geral Tributária", *in Fiscalidade* n.º 1, ISG, Janeiro 2000;

TRIGO DE NEGREIROS, Maria Fernanda, "A 'Evasão' Legítima e o Abuso de Direito no Sistema Jurídico Português", *in Ciência e Técnica Fiscal* n.º 151, Julho 1971, Centro de Estudos Fiscais, Lisboa;

UCKMAR,Victor, "Tax Avoidance/Tax Evasion – General Report", *in Cahiers de Droit Fiscal International* – Volume LXVIIIa, Association Fiscale Internationale,Venise, 1983;

UCKMAR, António, UCKMAR Victor, *IVA Comunitaria e IVA Nazionale, Contributo alla Teoria Generale dell'Imposta sul Valore Aggiunto*, CEDAM, Padova, 2000;

VANDENBERGHE, Sibylle, SHARKETT, Howard J., "Rights of Taxable Persons Involved in VAT Carousel Fraud from an EU, Belgian and UK Point ofView Today and Tomorrow", *in International VAT Monitor*, IBFD, July/August 2006.

VANISTENDAEL, Fraus, "Neutrality and the Limits ofVAT", *in Selected Issues in European Tax Law*, Kluwer Law International, 1999;

VANONI, Ezio, *Natura ed Interpretazione delle Leggi Tributarie*, CEDAM, Padova, 1932;

VARELA, João de Matos Antunes, *Das Obrigações em Geral* – Vol. I, 12.ª edição, Almedina, Coimbra, 2003;

WEEGHEL, Stef Van, DE BOER, Reinout, "Anti-Abuse Measures and the Application of Tax Treaties in The Netherlands", *in Bulletin for International Taxation*, Volume 60 – Number 8/9, IBFD, August/September, 2006;

WYATT, Derrick; DASHWOOD, Alan, *The Substantive Law of the EEC*, Sweet & Maxwell, London, 1980;

WOODWARD, Colin, "The non-Economic Argument – Attempts to Tackle Carousel Fraud in The United Kingdom", *in International VAT Monitor*, IBFD, July/August 2005;

WOUTERS, Jan, "The Application of General Principles of Law by the European Court of Justice and their Relevance for EC and the National Tax Law", *in Selected Issues in European Tax Law*, Kluwer Law International, 1999;

XAVIER, Alberto Pinheiro, "O Negócio Indirecto em Direito Fiscal", *in Ciência e Técnica Fiscal* n.º 147, Centro de Estudos Fiscais, Lisboa, Março de 1971;

XAVIER, Alberto Pinheiro, *Conceito e Natureza do Acto Tributário*, Almedina, Coimbra, 1972;

XAVIER, Alberto Pinheiro, *Manual de Direito Fiscal* – Volume I, Manuais da Faculdade de Direito de Lisboa, Almedina, Lisboa, 1974;

XAVIER, Alberto Pinheiro, *Os Princípios da Legalidade e da Tipicidade da Tributação*, Editora Revista dos Tribunais, São Paulo, 1978;

XAVIER, Alberto Pinheiro, *Direito Tributário Internacional – Tributação das Operações Internacionais*, Almedina, Coimbra, 1997;

XAVIER, António da Gama Lobo, "O Princípio Contabilístico da Prevalência da Substância sobre a Forma e o Princípio da Consideração Económica dos Factos Tributários; a Classificação Contabilística dos Bens do Activo; Significado e Critério das Imobilizações; o Relevo do Objecto Social – Anotação ao Acórdão de 21 de Abril de 1993 do STA Secção de Contencioso Tributário", *in Revista de Direito e Estudos Sociais*, XXXVII, n.ᵒˢ 1, 2 e 3, 1995;

XAVIER, António da Gama Lobo, "Preços de Transferência no Sector Financeiro", *in Ciência e Técnica Fiscal* n.º 398, Centro de Estudos Fiscais, Lisboa, Abr.-Jun. 2000;

XAVIER, Cecília, *A Proibição da Aplicação Analógica da Lei Fiscal no Âmbito do Estado Social de Direito*, Almedina, 2006;

ZIMMER, Frederik, "Form and Substance in Tax Law – General Report", *in Cahiers de Droit Fiscal International* – Volume LXXXVIIa, International Fiscal Association, 2002, Kluwer The Netherlands, Oslo.

Índice

I. DELIMITAÇÃO 11
  1. Introdução e precisão terminológica 11
  2. Objecto e âmbito 15
    2.1. Elisão fiscal *vs.* evasão fiscal 15
    2.2. Elisão fiscal *vs.* autonomia privada 17
  3. O IVA como direito comunitário fiscal 19
  4. A intersecção dinâmica da elisão com o IVA 26
  5. Razão de ordem 28

II. A REACÇÃO DA ORDEM JURÍDICA À ELISÃO FISCAL. SISTEMATIZAÇÃO 29
  1. Os princípios fundamentais: a Constituição Fiscal 20
    1.1. Considerações preliminares 29
    1.2. O princípio da capacidade contributiva ou da igualdade fiscal 31
    1.3. O princípio da legalidade 32
    1.4. O princípio da segurança jurídica 35
    1.5. A actuação dos princípios no combate à elisão fiscal 36
  2. As reacções ao fenómeno elisivo. Breve incursão e enunciação-síntese 39
    2.1. Via legislativa 30
      2.1.1. A estrutura da norma fiscal e o elemento linguístico 39
      2.1.2. A previsão de normas especiais anti-abuso, presunções e ficções 45
      2.1.3. A previsão de normas ou institutos anti-abuso de carácter geral 48
        A. A questão prévia da qualificação 49
        B. O negócio simulado – afastamento 49
        C. O negócio indirecto, o negócio anómalo, o abuso das formas jurídicas, o contrato imperfeito 51
        D. O abuso de direito 54
        E. A desconsideração da personalidade jurídica colectiva ... 55
        F. A *'fraus legis'* 56
        G. Normas gerais anti-abuso 60

2.2. Via hermenêutica 63
    2.2.1. A interpretação das normas jurídicas fiscais 65
    2.2.2. A integração de lacunas 68
2.3. Via administrativa – *'advance rulings, réstricts, interpello'* 72

III. A ELISÃO FISCAL NO IVA 75
1. Breve introdução à ordem jurídica comunitária 75
   1.1. Direito originário e derivado. O desenvolvimento do Direito Comunitário pelo TJ 75
   1.2. Articulação da ordem jurídica comunitária com o direito interno . 79
      1.2.1. O papel dos princípios na concatenação das ordens jurídicas 79
      1.2.2. Aplicação pelos tribunais nacionais – o incumprimento de Estado e o reenvio prejudicial 82
2. Mecanismos anti elisivos no sistema comum do IVA 84
   2.1. Considerandos preliminares – a harmonização do IVA e a elisão fiscal 84
      2.2.1. Síntese introdutória 86
      2.2.2. A plurilocalização das operações 92
   2.2. A estrutura das normas de incidência do IVA 95
   2.3. Os princípios do sistema comum do IVA 97
      A. Neutralidade 97
      B. Proporcionalidade 99
      C. Confiança legítima e boa-fé 101
      D. Efectividade 102
      E. Equivalência 104
      F. Autonomia das noções de Direito Comunitário 105
      G. Interpretação restritiva das normas de isenção 111
      H. Uniformidade na aplicação e relevância do elemento teleológico-finalístico e da vertente económica 113
   2.4. O abuso de direito como cláusula geral anti-abuso de Direito Comunitário 117
   2.5. O abuso de direito no IVA – o paradigma 'Halifax' 123
   2.6. Procedimento autorizativo relativo a normas especiais anti-abuso de fonte interna. O artigo 27.º da Sexta Directiva 132
   2.7. A consulta ao Comité do IVA 142
   2.8. Medidas de execução: o artigo 29.º-A da Sexta Directiva e o Regulamento (CE) n.º 1777/2005 143

IV. CONCLUSÕES – FORMAS DE REACÇÃO AO FENÓMENO
    ELISIVO NO IVA 145
    A. PRELIMINARES 145
    B. SISTEMA COMUNITÁRIO 146
    C. NO DIREITO INTERNO 148